RECVE

DE

SENTENCES,

Renduës par les Iuges de la Doüane de
Lyon, en execution des Edicts &
Lettres Patentes, données par les
Roys François I. Henry II. Charles
IX. Henry III. Henry IV. & Louys
XIII. sur le fait de ladite Doüane.

A LYON,

Par ANTOINE IVLLIERON, Imprimeur
& Marchand Libraire, ruë Raisin proche la
place de Confort, aux deux Viperes.

M. DC. LXI.

LETTRES PATENTES
du Roy Louis XIII. ſur le fait de
la Doüane de Lyon.

OVIS par grace de Dieu, Roy de France & de Nauarre, A nôtre amé & feal Conſeiller en nôtre Conſeil d'Eſtat, Preſident en noſtre Cour de Parlement de Grenoble : Le ſieur Faure Intendant de la Iuſtice prés nôtre cher & bien amé couſin le Duc de Montmorency, Pair & Connétable de France, Gouuerneur & nôtre Lieutenant general en Languedoc : Et au premier de nos amez & feaux Conſeillers en nos Cours des Aydes, Comptes & Finances de nos païs de Languedoc & Prouence, Maiſtres des Ports, leurs Lieutenans & autres nos Officiers, & chacun d'eux premier ſur ce requis : Salut, Noſtre cher & bien amé Vrbain de la Mothe, Fermier general de nos droicts des cinq groſſes Fermes, la Doüane de Lyon y comprinſe : Nous a fait remonſtrer que par le deuxiéme article de ſon Bail, Nous aurions ordonné que les Edicts & Declarations faites par nos predeceſſeurs

colleurs Roys és années 1540. 64. 66. 85.
Arrest du 6. May 1606. & autres Reglemens donnez en nostre Conseil en execution d'iceux, sur la perception d'iceux droits
de Doüane, seront obseruez & entretenus;
Par lesquels Edicts, Ordonnances, Reglemens & Arrests de nostredit Conseil, toutes & chacunes les Marchandises, Drogueries & Espiceries venans d'Italie, Piedmont,
Sauoye, Geneue, Auignon, Comtat de
Venisse, Espagne & Leuant, doiuent estre
directement portées & conduites par terre
en nostre ville de Lyon, & passer par le pont
de Beauuoisin, Marseille, Narbonne, &
autres lieux y designez, pour estre en ladite
Ville lesdites marchandises marquées, &
nosdits droicts de Doüane payez, suiuant
les Tarifs & Apreciations faites par nos
Officiers de ladite Doüane en l'année 1578.
sans que lesdites marchandises puissent entrer par autres villes, lieux & endroits de nostre Royaume, ou aller en ladite ville d'Auignon, Comtat de Venisse, Geneue, Cham-
bery, & autres lieux du Piedmont & Sauoye,
ny estre venduës & debitées qu'apres auoir
esté marquées, & payé nosdits droicts de
Doüane, sur peine de confiscation des marchandises, Drogueries & Espiceries, Batteaux,

teaux, chouaux & charrettes, & autres pei-
nes portées par nos Ordonnances : ayant
auſſi ordonné ſur les meſmes peines par Arreſt contradictoirement donné en noſtre
Conſeil le 24. Mars 1603. que les Marchandiſes originaires des païs de Languedoc, Prouence & Dauphiné, qui ſeront
voicturées pour porter és païs de Sauoye,
Dombes, Franche-Comté, Geneue, Suiſſe
& Allemagne, paſſeront par ladite ville de
Lyon pour y payer ledit droict de Doüane :
Neantmoins au prejudice de ce, pluſieurs
Marchands negotians, Patrons, Voicturiers,
Mulletiers & autres, commettent toute ſorte d'abus & fraude, peruertiſſant entierement l'ordre preſcrit par noſdites Ordonnances & Arreſts, faiſat entrer par chemins
obliques & prohibez leſdites marchandiſes
de Leuant, Eſpagne, Drogueries & Eſpice-
ries, en nos Prouinces de Languedoc, Prouence & Dauphiné, meſme par noſtre
Ville d'Arles & autres ports, icelles conduire par eau en noſtre ville de Beaucaire,
Taraſcon, Auignon, & autres villes & lieux
de noſdites Prouinces, les expoſent en ven-
té, troquent & changent, en eſtant non ſeulement leſdites Prouinces fournies, mais
encore les circonuoiſines, ſans les aporter

en noftredite ville de Lyon pour y eftre
marquées,& nofdits droicts de Doüane payez , fuiuant nofdites Ordonnances & Reglemens, en quoy ledit Fermier a déja receu de tres-grandes pertes , fpecialement
durant la tenuë de la derniere Foire de
Beaucaire,outre diuers meurtres & violen-
ces qui ont efté exercez alencontre de fes
Commis, requerant y vouloir pour l'advenir pouruoir. A ces Cavses, apres
auoir fait voir en noftre Confeil ledit Bail,
Edicts, Ordonnances, Arrefts, Reglemens,
& Tarifes fufdits,cy-attachez foubs le con-
trefeel de noftre Chancellerie , defirant
iceux faire garder & obferuer foigneufe-
ment , entretenir à l'exemple de nofdits
predeceffeurs Roys. De l'advis de noftredit Confeil:Vovs mandons & tres-expref-
fement enjoignons par ces prefentes, que
vous ayez à faire , comme nous auons de
nouueau fait & faifons, tres-expreffes inhibitions & deffences à tous Marchands negocians,Voicturiers, Patrons,Conducteurs,
Mulletiers,& autres perfonnes de quelque
eftat & condition qu'ils foient,d'aporter ou
faire entrer par cétuy noftre Royaume, &
par nofdites Prouinces de Languedoc,Pro-
uence & Dauphiné,aucuns draps d'or &
argent,

argent, foye, fil d'or & argent & foye, &
toutes fortes d'eftoffes, ouurages de foye &
farge de Florence, venans d'Italie, Piedmont & Sauoye, par autre lieu & endroit
que le Pont de Beauuoifin, & de-là venir
en noftre ville de Lyon, par la porte & pont
du Rofne, pour y eftre marquées & nofdits
droicts payez, comme auffi deffendons
l'entrée & tranfport des foyes, Camelots
de Leuant, Tapis de Turquie, Efpiceries &
Drogueries, & toutes fortes de marchandifes venans de Leuant & Efpagne, que par
les villes de Marfeille & Narbonne, & de-
là droit en noftredite ville de Lyon, fans
qu'aucunes defdites marchandifes, Efpiceries & Drogueries, puiffent eftre aportées,
expofées en vente, & debitées tant en ladite ville d'Arles, Beaucaire, Auignon, Tara-
fcon, Comtat de Veniffe, qu'autres villes &
lieux de nofdites Prouinces, foit en temps
de Foires & hors d'icelles, que au prealable
elles n'ayent efté marquées & payé les
droicts de ladite Doüane audit Lyon, fur
peine de confifcation defdites marchandifes, batteaux, charrettes, cheuaux & mul-
lets : Et à ces fins voulons, que toutes lefdites marchandifes fubjettes à ladite marque
qui ne feront marquées, & les autres mar-

chandi

chandifes , drogueries & efpiceries qui
n'auront efté aportées audit Lyon, & payé
nofdits droicts, eftre faifies & confifquées,
foit efdites villes d'Arles & Beaucaire pendant la tenuë de la Foire de la Magdeleine,
que en quelque autre part & endroit qu'elles foient trouuées , faute de faire aparoir
defdites marque & certificat des commis
dudit Fermier du payemēt de nofdits droits.
Seront pareillement les marchandifes originaires defdites Prouinces de Languedoc,
Prouence & Dauphiné, qui feront voicturées pour porter és pays de Sauoye, Dombes, Franche-Comté, Piedmont , Geneue,
Suiffe & Allemagne, tenuës de paffer par
noftredite ville de Lyon , & payer noftre
droict de Doüane : le tout à peine de confifcation fuiuant l'Arreft de noftredit Confeil dudit jour vingt-quatriéme Mars mil
fix cens trois, comme auffi les marchandifes & eftoffes de foye qui feront manufa-
éturées audit Auignon, où les foyes cruës
ou teintes qui fe font tant en ladite ville,
que autres de nofdites Prouinces, ne pour-
ront eftre expofées en vente en noftredit
Royaume, pays & terres de noftre obeïffan-
ce, qu'elles n'ayent efté aportées en noftredite Ville de Lyon , & payé audit Fermier
ledit

ledit droict de Doüane fur les m̃ fmes peines de confifcation, le tout fuiuant & conformément aufdits Edicts, Ordonnances,
Reglements,& Arrefts. MANDONS ET
ENIOIGNONS à noftre tres-cher & bien
amé coufin le fieur Duc de Montmorency
Conneftable de France, tenir la main à ce
que nofdits Edicts, Ordonnances, Reglements, Arrefts, Bail dudit de la Mothe, &
ces prefentes, foient exactement fuiuies,
gardées & entretenuës en ladite Prouince
de Languedoc, fans qu'il y foit contreuenu
en aucune maniere. Et aux Gouuerneurs
& Confuls defdites villes d'Arles & Beaucaire, & autres, de permettre & fouffrir
efdites villes les Commis dudit de la Mothe, pour faire les vifitations, faifies & arrefts des marchandifes fufdites, prohibées
& deffenduës, fans permettre qu'il foit fait,
mis ou donné en leur perfonne, ou au faict
de leurdite Commiffion, aucun déplaifir,
trouble ou empefchement, à peine de refpondre en leur propre & priué nom defdits Commis,que nous auons pris & mis en
noftre protection & fauueguarde, & de la
perte de nofdits droicts : au contraire donner audit de la Mothe, fes Procureurs &
Commis, toute ayde, faueur, affiftance &

main

main-forte si besoin est, & requis en sont.
Et afin que personne ne pretende cause d'i-
gnorance de nostre intention, Nous voulons ces presentes estre notifiées à tous
qu'il appartiendra, publiées esdites villes
d'Arles, Beaucaire & Tarascon, Ville-
neufve d'Auignon, & autres villes & lieux
de nosdits païs de Languedoc & Prouence,
à son de trompe & cry public ; & d'icelles
mis affiches & placards par tout où besoin
sera : De ce faire vous auons donné &
donnons pouuoir & commission, & mandement special par ces presentes, nonobstant oppositions ou appellations quelconques, pour lesquelles & sans prejudice d'i-
celles, ne voulons l'execution de nosdits
Edicts, Reglements, Arrests, & des presentes estre differée, & dont si aucuns inter-
uiennent, Nous auons retenu & reserué
la connoissance à Nous & à nostre Conseil,
& icelle interdite & deffenduë ; interdi-
sons & deffendons à toutes nos autres
Cours & Iuges quelconques. Mandons à
tous nos Huissiers & Sergens faire pour ladite execution & de vos Ordonnances, tous
exploicts, commandemens, saisies & con-
traintes requises & necessaires, sans pour
ce demander congé, Placet, Visa, ne Pá-
reatis;

reatis : Et d'autant que de cesdites presentes on pourra auoir affaire en plusieurs & diuers lieux, Nous voulons qu'au vidimus d'icelle, deuëment collationné par l'vn de nos amez & feaux Conseillers, Notaires, Secretaires, foy soit adjoustée comme au present original : CAR tel est nostre plaisir. DONNE' à Paris le vingt-septiéme jour du mois de Iuin, l'an de grace 1613, & de nostre regne le quatriéme. Signé, Par le Roy en son Conseil, BAVDOVIN. Et scellé sur simple queuë du grand sceau de cire jaune.

Collationné à l'original par moy Conseiller, Secretaire du Roy, & de ses Finances.

SENTENCE

✿✿✿✿✿✿✿✿✿✿✿✿✿✿✿✿✿✿

SENTENCE DONNEE PAR
Messieurs les Iuges de la Doüane de Lyon, le 15. Octobre 1638.

ES IVGES DE LA DOVANE à Lyon, assemblez au Bureau d'icelle: Sçauoir faisons, que sur ce que Maistre Iean de Chauanes Controolleur général de la Doüane de Lyon, faisant pour Maistre Noël Depars, Fermier general des cinq grosses Fermes de France, ladite Doüane de Lyon y comprise: Novs a dit & remonstré, que les Commis, Gardes generaux à cheual dudit Fermier faisans leur cheuauchée, comme le deub de leur charge les y oblige, auroient rencontré dans le grand chemin, qui va de Roüane à S. Estienne, entre la ville de Feurs & ledit S. Estienne, vne charrette tirée par deux bœufs, chargée de six balles ou balots marchandise, conduite par Iean Charrier Voiturier dudit S. Estienne, accompagné de Nicolas Mignot facteur du sieur Iean Poignant Marchand de Paris, auquel ladite marchandise appartient; En intention de voicturer lesdites six bales marchandise audit S. Estienne, de là à

Marseille,

Marseille, & dudit Marseille à Gennes, sans
passer par la ville de Lyon, pour y payer les
droicts de Douane deubs au Roy. Ce qui auroit obligé lesdits Gardes de saisir & arrester lesdites marchandises, bœufs, & charrette, & icelle conduire à S. Martin Le-
stra, où ledit sieur Mignot s'est pourueu
pardeuant le Iuge dudit lieu, lequel sur les
remonstrâces à luy faites par iceux Gardes
à cheual, auroit octroyé acte aux parties, de
leur dire & remonstrances; & ordonné
qu'elles se pouruoiroient ainsi qu'elles ver-
roient bon estre; & que sieurs Pierre Che-
naud, tenant le logis de la Poste audit Saint
Martin, demeureroit Gardiateur des bœufs
& charrette seulement, pour les representer quand par Iustice seroit ordonné : Pardeuant lequel Iuge ledit Mignot à recog-
neu, que ledit sieur Poignan son Maistre luy
auoit donné charge de faire conduire &
voicturer lesdites six balés ou balots (qu'il
dit estre toille de Paris) iusques à Roüane,
& de là à Feurs & à S. Estienne, & suiure
toufjours le plus commode chemin pour
aller à Marseille, où il auoit ordre de les
consigner à Pierre Bouchet pour les enuoyer à Gennes; comme le tout se justifie par
l'ordre que ledit sieur Poignan a donné audit

dit Mignot, de luy figné le vingt-huictiéme Septembre dernier : Et pour lefdites fix
bales, ils les auroient fait conduire fur vne
autre charrette en cette Doüane, où elles
font à prefent, & donné affignation audit
Mignot à ce jourd'huy pardeuant Nous,
pour refpondre fur le contenu au procez
verbal qu'ils ont fait de ladite faifie, du
douziéme du prefent mois d'Octobre, &
voir adjuger la confifcation defdites fix bales ou balots marchandife, bœufs, & charrette fur laquelle elles ont efté trouuées. Et
pour Nous faire voir que ladite faifie eft
bonne, dit ledit de Chauanes : Que ledit
Mignot eftant à Roüane auec fes marchandifes, au lieu de venir en droicture à Lyon,
pour y payer lefdits droicts de Doüane, felon l'vfage de tout temps obferué, il les a
fait prendre vn chemin de trauerfe & obli-
que, pour les conduire à Feurs, faint Eftienne, Marfeille, & de là à Gennes, pour frauder, & s'exempter du payement des droicts
de ladite Doüane, qui eft directement contreuenir à la volonté du Roy, de fes Edicts
& Ordonnances, & à l'Arreft du vingt-troi-
fiéme Mars mil fix cens & trois, qui deffend
à tous Voituriers & Marchands, de tranfporter aucunes marchandifes originaires
des

des Prouinces de Languedoc, Prouence &
Dauphiné, hors du Royaume, fans au prealable auoir payé la Doüane audit Lyon.
C'eſt pourquoy, & à plus forte raiſon leſdi-
tés marchandiſes venans de Paris, paſſans
dans le Gouuernement du Lyonnois, &
proche la ville dudit Lyon, doiuent-elles
paſſer fans payer ladite Doüane. Que ſi le
paſſage des marchandiſes venant de France eſtoit permis, eſtant à Roüane, de les
paſſer par le Foreſts, fans les aſſujettir de
les conduire audit Lyon, pour y payer leſdits droicts de Doüane; il s'enſuiuroit que
toutes les marchandiſes qui ſeroient deſti-
nées d'aller en droiture, de Paris en Dauphiné, Prouence & Languedoc, & de là
hors le Royaume, paſſeroient toutes en
trauerſe par ledit Foreſts, tant parce que
les chemins y ſont plus courts & commo-
des pour les Voituriers, que pour s'exempter du payement deſdits droicts de Doüane: Ce qui tourneroit à vne grande diminution des droicts du Roy, & contreuien-
droit à l'Ordonnance des Sieurs Preſidens
& Treſoriers Generaux de France, de la
Generalité de Lyonnois, du trente-vniéme
Aouſt mil fix cens trente-ſept: Par laquelle deffences ſont faites à tous Marchands,
                              Voituriers,

Voituriers, & autres conduisans ou faisans conduire des marchandises, de les faire passer ailleurs que dans ladite ville de
Lyon & au Bureau de ladite Doüane, pour
y estre veuës & visitées, & lesdits droicts
de Doüane payez & acquitez, à peine de
confiscation des marchandises, cheuaux &
charrettes; conformément à laquelle Ordonnance, & à l'Arrest dudit Conseil, il
conclud à ce que lesdites marchandises,
bœufs, & charrette sur laquelle elles ont
esté trouuées, soient acquises & confisquées
au Roy, & au profit du Fermier suiuant
son Bail. Et outre ce, ledit Mignot, ou quoy
que ce soit, ledit Poignan son Maistre, condamné en l'amende de quinze cens liures,
& aux despens de l'instance; & qu'à l'execution de nostre jugement, en cas de confiscation seulemét, il soit passé outre, nonobstant oppositions ou appellations quelconques, & sans prejudice d'icelles. Est inter-
uenu Maistre Favre l'ainé, Procureur des
Sieurs Preuost des Marchands & Escheuins de cette ville de Lyon : Qui nous a
dit, que le tiers surtaux leur appartenant,
ils ont interest en cette cause, pour souste-
nir, comme ils font, que la saisie dont s'a-
git a bien procedé, & que la confiscation
des

des marchandifes arreftées ne peut eftre
empefchée, auec condamnation d'amende, defpens, dommages & interefts au profit de fes Parties, pour leur tiers. Veu les
Edicts, Ordonnances du Roy, Arreft du
Confeil de l'année mil fix cens trois, & jugement de Meffieurs les Prefident, Treforiers Generaux de France en cette Generalité, de l'année derniere mil fix cens trente-fept, renduë fur la requifition defdits
Sieurs Preuoft des Marchands & Efcheuins. C'eft pourquoy il conclud auec ledit
Fermier de la Douane, à la confifcation des
marchandifes, bœufs, & charrette faifie, &
amende, defpens, dommages & interefts:
Employant ce qui a efté reprefenté de la
part dudit fieur Fermier. SVR QVOY ouy
Charrin Procureur, & affifté du fieur Iacques le Roy Marchand de cette Ville,
qui nous a dit auoir eu aduis que les Commis de la Douane de cette ville, auoient
faifi & arrefté fix bales marchandife au
lieu de fainct Martin Leftra, appartenans
à vn fien amy nommé Poignan, Marchand de la ville de Paris; par faute (ainfi qu'ils pretendent) d'auoir payé les droicts
de Douane, & en pourfuiuent la confifcation. Remonftre que telle pourfuite eft

B   violente

violente & extraordinaire, d'autant que ledit Poignan a deû estre assigné pour deduí-
re ses raisons : par lesquelles, il fera voir,
qu'il n'est nullement en faute, & n'a eu dessein de frauder les doicts de Doüane : Que
si bien ladite marchandise n'a esté voiturée
à droiture en cette ville, ç'a esté à cause du
soupçon du mal contagieux, & pour éuiter
de faire faire quarantaine à ladite marchandise , au lieu où elle doit estre conduite,
comme se peut voir par la lettre de voiture,
de laquelle lesdits Commis se sont saisis;
Outre que tous les droicts de Doüane ont
ja esté payez. Partant requiett, auparauant
que de proceder au jugement diffinitif du
procez, delay d'vn mois luy soit donné,
pour aduertir ledit Poignai pour defendre,
& deduire plus particulierement ses raisons, si mieux nous n'aymons bailler main-
leuée de ladite marchandise, en payant en
tout cas, les droicts de Doüane accoustumez ; A quoy il conclud. Ledit Maistre de
Chauanes en replique ; dit qu'il n'est pas
de bonne grace d'alleguer par le Deffendeur , pour euiter la confiscation de ses
marchandises, le pretendu soupçon de maladie contagieuse , d'autant que s'il eust
eu enuie de ne pas frustrer les droicts de
Doüane,

Doüane, auparant que de prendre la traverse, il en euft aduerty le Fermier en cette Vllle, ou celuy qui en fon lieu à la direction de la Doüane : Tellement que quoy qu'il en vueille dire, les conclufions du Demandeur luy doiuent eftre faites & adjugées. A quoy il perfifte. Comme auffi ledit Fàvre l'ainé, pour lefdits Sieurs Preuoft des Marchands & Efcheuins. Ce que deffus confideré, & oüy Maiftre Iacques Proft, Gonfeiller du Roy, Aduocat pour le Procureur dudit Seigneur, de luy affifté: qui a dit que la faifie & confifcation demandée des marchandifes dont eft queftion, eft fondée fur l'Arreft donné au Confeil de fa Majefté le 23. Mars 1603. & fur l'Ordonnance renduë par les Sieurs Treforiers de France en cette Generalité de Lyon le dernier Aouft 1637. Portans en l'vn & en l'autre, deffences aux marchands de tranfporter aucunes marchandifes originaires de France, pour eftre conduites dans les Prouinces de Dauphiné, Prouence & Languedoc, fans au prealable les faire paffer en la ville de Lyon, pour y payer les droicts de Doüane, deubs à fa Majefté. S'il paroiffoit que lefdits Arrefts du Confeil, & Jugement defdits Sieurs Treforiers de cet-

to

te Generalité euffent efté publiez & affichez, afin que nul n'en pretendift caufe
d'ignorance : Veritablement il y auroit de
la faute du marchand d'auoir prins la trauerfe, & voulu paffer ailleurs qu'en cette
Ville : Mais l'on void icy, qu'outre qu'il ne
femble pas que le Deffendeur ait voulu
frauder les droicts de Doüane, ains feulement éuiter le paffage de cette Ville : à
caufe de la maladie contagieufe qui y regne : Toutes les marchandifes de queftion
ne font pas originaires de France, ains partie Etrangeres, pour raifon defquelles on a
payé les droicts à l'entrée du Royaume:
Toutes lefquelles confiderations font, qu'il
n'y a pas lieu d'adjuger la confifcation d'i-
celles, bien qu'elles foient deftinées pour
eftre conduites à Marfeille, & de là ailleurs:
fi que main-leuée doit eftre faite au Defendeur, des marchandifes, & autres chofes fur luy faifies, en payant feulement
les droicts accouftumez en cette Ville ; &
encor les fraiz de la capture, & voiture
d'icelles, faite en cettedite Ville. Tou-
res-fois s'il eftoit permis aux marchands,
fous pretexte de quelque foupçon de maladie, ou autrement, de prendre les détours
& trauerfes, pour s'exempter de paffer
par

par cette Ville,auec les marchandifes qu'ils
veulent faire conduire dans les fufdites
Prouinces de Languedoc, Prouence &
Dauphiné: Ce feroit par ce moyen donner coup à la diminution des droicts de
fa Majefté. A quoy il eft expedient de
pourueoir; En ordonnant qu'inhibitions &
defences feront faites à tous lefdits Marchands qui feront par cy-apres conduire
leurs marchandifes dans l'eftendue de ce
Gouuernement, pour les porter en autre
Prouince, de prendre la trauerfe, auec Injonction de les faire conduire directement
en cette Ville, pour y payer les droicts accouftumez, à peine de confifcation de
leurfdites marchandifes, & attirail, cinq
cens liures d'amende, & autre plus grande
s'il y efcheoit : Et afin que noftre prefent
jugement vienne à la notice d'vn chacun,
Qu'il foit leu, publié & affiché en cette
Ville, és lieux accouftumez : Comme auffi
au lieu de Roüane, & autres endroicts &
paffages où l'on peut prendre la trauerfe;
& que pour le tout il foit paffé outre, nonobftant oppofitions ou appellations quelconques,& fans prejudice d'icelles.Et apres
auoir fait aduertir par noftre Huiffier, le
Sieur Cropet, Confeiller du Roy, & Mai-

B 3   ftre

ſtre des Ports, Ponts, & Paſſages de cette Ville, ou ſon Lieutenant, pour aſſiſter au preſent jugement; & qu'il nous a rapporté ne les auoir trouué, pour eſtre retirez aux champs, auons en leur abſence, procedé audit jugement, comme s'enſuit.

IL EST DIT, Que main-leuée eſt faite des marchandiſes ſaiſies, en payant les droicts accouſtumez; & encore les fraiz de la capture & voicture d'icelles, faite en cette Ville, liquidez à la ſomme de ſoixante liures: Et neantmoins treſ-expreſſes inhibitions & defences ſont faites à tous Marchands qui feront conduire leurs Marchandiſes dans leſtenduë de ce Gouuernement, pour les porter en autre Prouince, de prendre la trauerſe; Ains leur enjoignons les faire conduire à droicture en cette Ville, pour y payer les droicts accouſtumez; à peine de confiſcation de ladite marchandiſe,& de cinq cens liures d'amende, & autre plus grande s'il y eſcheoit. Et afin que perſonne n'en pretende cauſe d'ignorance,ſera noſtre preſente Ordonnance leuë, publiée & affichée en cette Ville és lieux accouſtumez : Comme encores au lieu de Roüane, & autres endroicts

droicts & paſſages, où l'on peut prendre
la trauerſe & paſſer outre, nonobſtant
oppoſitions ou appellations quelconques,
& ſans prejudice d'icelles, FAIT à Lyon,
au Bureau de la Doüane, le Vendredy
quinziéme jour d'Octobre, mil ſix cens
trente-huict. Signé DVGVE, PARTI-
CELLY, SEVE, & PVGET Procureur du Roy. Et BLACHE Greffier.

——————————————————

L'AN mil ſix cens trente-huict, & le
cinquiéme jour du mois de Nouembre :
A la requeſte dudit Maiſtre Noël Depars,
Fermier General des cinq groſſes Fermes de
France, la Doüane de Lyon y compriſe : Ie
Regnaud Denauzieres premier Huiſſier ordi-
naire au Bureau des Finances en la Generali-
té de Lyon, ſouſſigné, Certifie m'eſtre expres
acheminé audeuant la grande porte du Bu-
reau de la Doüane de Lyon, celle du Pa-
lais Royal de Iuſtice, place des Changes,
bouts des Ponts de Saone & du Roſne,
places publiques, & autres lieux & en-
droicts accouſtumez à faire crys publics
en la ville de Lyon : En chacun deſquels
lieux i'ay à haute & intelligible voix, cry
public, & ſon de trompe, leu & publié le

B 4　　*ſuſdit*

susdit jugement: Et à ce que personne n'en
pretende cause d'ignorance, i'ay en tous les
susdicts lieux affiché copie, tant dudit iuge-
ment qu'exploict de publication au bas, estant
en impresse: Le tout fait en presence de
Maistre Antoine Nicolas Huissier Audian-
tier en la Conseruation des priuileges Ro-
gaux des Foires de Lyon, & Pierre Sèue Pra-
ticien audit Lyon, tesmoins soussignez.

DEpuis, & le huictiéme jour dudit mois
de Nouembre mil six cens trente-huict,
à la requeste dudit Maistre Depars, & con-
tinuant que dessus, le premier Huissier sus-
dit, & soussigné, certifie m'estre expres ache-
miné à cheual dudit Lyon, és villes, bourgs,
& villages dependans de ladite Generalité
de Lyon, qui seront cy-apres declarez: Où
estant audeuant des grandes portes, & en-
trées principales des auditoires de Iustice,
places publiques, carrefours, & autres lieux
& endroicts accoustumez à faire crù publics,
En chacun desdits lieux, i'ay de mesme à
haute & intelligible voix, cry public, son de
trompe, & tambour, leu & publié le sus-
dit iugement: le tout à ce que personne n'en
puisse ignorer, duquel iugement, & exploict
de publication au bas, estant en impresse, i'ay
en

en tous les susdits lieux affiché copie.

Et premierement cedit iour, és villages
de la Tour, & bourg de Larbresle.
Le lendemain neufuiéme dudit, és bourgs de
Poncharra, & Tarare.
Le dixiéme dudit, en la ville de Roüane.
Le douziéme dudit, au lieu de Nulize.
Le dix huictiéme dudit, en la ville de Feurs.
Le vingt-deuxiéme dudit, és villes de sainct
Chamont, & sainct Estienne.
Le vingt-troisiéme dudit, au bourg Argental.
Le vingt-quatriéme dudit, à sainct Iulien,
Molin Molette.
Le vingt-cinquiéme dudit, à S. Pierre de Bœuf.

Et finalement, le vingt-sixiéme iour dudit
mois de Nouembre mil six cens trente-huict,
és villes de Condrieu, bourg de Saincte
Colombe, & village de Giuor. Le tout fait
& exploicté en presence de Maistre Pierre
Seue Praticien à Lyon, & Nicolas Vilar-
des dudit Lyon, tesmoins menez expres
auec moy dudit Lyon : ledit Seue est sou-
signé, & non ledit Vilardet, pour ne sçauoir, enquis.

DENAVZIERES.

B 5   AVTRE

✦✦✦✦✦✦✦✦✦✦✦✦✦✦✦✦

AVTRE SENTENCE
donnée par Meſſieurs les Iuges de ladite Doüane de Lyon, le 24. Nouembre 1638.

LES IVGES DE LA DOVA-NE à Lyon, aſſemblez au Bureau d'icelle pour les affaires de ſa Majeſté: Sçauoir faiſons, que ſur ce que Mᵉ Pierre Viallier Procureur de Maiſtre Noël Depars, Fermier General des cinq groſſes Fermes de France, ladite Doüane de Lyon y compriſe; aſſiſté de Maiſtre Iean de Chauanes, Controolleur general en ladite Doüane: Novs a dit & remonſtré, qu'en l'Inſtance d'entre ledit Depars, demandeur par ledit Viallier d'vne part, Laurens Barraban, Eſtienne Bardeſoulle, Marchands de cuirs de la Marche en Auuergne; Defendeurs par Favre l'aynè, ſa partie Nous auroit preſenté Requeſte le vingt-troiſiéme Septembre dernier: Et en ſuite de l'aſſignation donnée aux Defendeurs, il nous auroit remonſtré, comme il

il fait encores, que les Defendeurs con-
duifans cent cinquante-deux gros cuirs
de bœuf tafnez, fur neuf chars, tiré chacun char par deux bœufs, en intention
d'aller trauerfer le Rhofne à Andance pour
entrer dans le Dauphiné, & de là conduire lefdits cuirs en Sauoye, fans auoir
payé les droicts d'entrée de Douane à
Lyon; les Commis & Gardes generaux
à cheual dudict Fermier, faifans leur cheuauchée le long de la riuiere du Rhofne,
auroient rencontré lefdites marchandifes,
defquelles ils auroient fait & dreffé leur
Verbal, dont il demande la confifcation. Et
fur ce noftre Sentence interlocutoire s'en
feroit enfuiuie le vingt-quatriéme dudit,
portant que les Defendeurs rapporteroient
dans le mois certificat en bonne forme,
des Officiers du lieu d'Aubuffon, que les
marchandifes de queftion ont efté fabriquées audit lieu d'Aubuffon; comme auffi
rapporteront certificat en bonne forme du
Sieur Senefchal de la Prouince, ou fon
Lieutenant general, & Procureur du Roy,
que les Aydes ayent cours audit lieu
d'Aubuffon; pour ce faict eftre pourueu
aux Parties ainfi que de raifon. Et cependant, que main-leuée leur eftoit faite de
leurs

leurs marchandiſes, & autres choſes ſur
eux ſaiſies à caution: Et au lieu de ſatiſ-
faire par leſdits Defendeurs à noſtredit
Iugement, ils ont rapporté ſeulement deux
certaines pretenduës actes en forme d'en-
queſte, & non de certificats, & quatre
teſmoins deſnommez en iceux: En l'vn
depoſent qu'il ne ſe cueillit aucun vin audit pays, & que l'on paye à l'entrée d'iceluy
pour tous les tonneaux qui y entrent, vn
droict de Douane, & ſix ſols ſur les cuirs
qui ſe fabriquent audit pays; & en l'autre
que les cuirs auoient eſté fabriquez audit
Aubuſſon; leſquels deux actes n'on eſté
faicts, ſuiuant le deſir de noſtre Iugement.
De conſequent, ne peuuent auoir lieu, ny
ne deuons auoir aucun eſgard à iceux: Si
la choſe euſt eſté, que les Ayde euſſent
cours audit Aubuſſon, ledit Sieur Seneſ-
chal, ou ſon Lieutenant general, & les
Officiers du lieu n'euſſent manqué de bailler le certificat en forme: ce qu'ils n'ont
voulu faire ſçachans le contraire, comme
il eſt tréſ-aſſeuré que les Aydes n'ont
point cours audit Aubuſſon: Il eſt porteur
d'vn Arreſt de Noſſeigneurs du Conſeil,
de l'année mil ſix cens trente-quatre, par
lequel le Roy a ordonné la leuée des
droict

droicts sur toutes danrées qui sortiront des
Prouinces de Poictou & Berry, pour entrer en Limosin, & autres Prouinces où
les Aydes n'ont cours: Et encor vn Arrest
en la Cour des Aydes, qui sert de prejugé en telle maniere, en datte du dix-
neufuiéme Ianuier mil six cens trente cinq.
Et puis que les Defendeurs n'ont rapporté
des certificats en forme, & par faute d'a-
uoir par eux satisfait à nôstre Iugement, &
quand mesme ils y auroient bien satisfaict,
ce que non; Veu nostre Sentence du depuis donnée, le quinzieme Octobre dernier, par laquelle inhibitions & desences
sont faites à tous Marchands qui feroient
conduire leurs marchandises dans l'estenduë du Gouuernement, pour les porter
en vne autre Prouince, de prendre la trauerse: Au contraire, il leur est enjoint les faire
conduire en droiture en cette Ville, pour y
payer les droicts de Doüane accoustumez,
à peine de confiscation de ladite marchandise, & de cinq cens liures d'amende. Sous-
tien, veu la contrauention par eux faicte
aux Edicts & Ordonnances de Sa Majesté,
& des desences faites par les Sieurs Tresoriers de France en cette Generalité le
trentiéme Aoust mil six cens vingt-sept,

&

& à noftre fufdite Ordonnance dudit jour quinziéme Octobre dernier , que lefdites neuf charrettes de cuirs, en nombre de cent cinquante-deux gros cuirs bœufs , & charrettes fur lefquelles ils ont efté trouuez, foient confifquez , & aux defpens, par faute d'auoir voulu par eux payer les droits d'entrée de Doüane à Lyon , & les Cautions & Certificateurs preftez, contraints à la reprefentation des chofes faifies , ou payer la jufte valeur d'icelles , A quoy il conclud : Favre l'ayné Procureur defdits Barraban & Bardefoulle , affifté dudit Barraban, faifant tant pour luy que ledit Bardefoulle : dit que lors de la plaidoyrie de la caufe, qui fut faite deuant Nous le vingt-quatriéme Septembre dernier, & qu'ils obtindrent main ◦ leuée prouifionnelle des cuirs,& autres chofes faifies : Ils firent voir clairement que ladite faifie ne fe pouuoit fouftenir , & que ledit Fermier ne pouuoit pretendre la confifcation qu'il demande, non pas mefmes le payement du droict de Doüane, puif-que lefdits cuirs n'auoient efté amenez en cette Ville, n'y entrez dans le pays de Lyonnois, Les Ordonnances qui font alleguées par ledit Fermier, ne feruans de rien au faict qui fe prefente : joint qu'el-

les

les n'ont esté publiées, ny affichées. Et si
bien les Deffendeurs ont esté chargez par
nostre Sentence dudit jour vingt quatriéme
me Septembre dernier, de rapporter les at-
testations du lieu d'où lesdits cuirs auoient
esté amenez, & comme ledit lieu est en
païs où les Aydes ont cours, Il a esté satisfait par les actes qu'il a en main des douze
& quatorziéme Octobre dernier, qui ont
esté monstrez & remis long-temps a audit
Sieur de Chauanes, & n'a ledit Fermier
aucun sujet de dire que ladite attestation
du douziéme Octobre, faite en la ville de
Gueret pardeuant le Sieur President, &
Lieutenant general en la Seneschaussée de
ladite Ville, le Procureur du Roy present,
n'est pas conforme à nostre Iugement, puis
qu'elle est encor plus authentique, y ayant
quatre Marchands notables qui ont attesté
par-deuant lesdits Sieurs Officiers. Partant conclud aux fins absolutoires cy-deuant prinses, à la reuocation de ladite saisie,
auec despens, dommages & interests, &
descharge pure & simple des Sieurs Pierre
& Estienne Romanet leurs cautions. Maistre Iacques Prost Conseiller du Roy, Aduocat pour le Procureur dudit Seigneur,
de luy assisté, dit qu'il s'agist de sçauoir

si

si les marchandises saisies, & dont est question, doiuent Doüane, & estoient obligées à l'entrée dans ce Gouuernement de
les venir acquitter en cette Ville; Les
Defendeurs soustindrent le vingt-quatriéme Septembre dernier, que la saisie sur
me September dernier, que la saisie sur
eux faite ne se pouuoit soûtenir, & qu'ils
n'auoient pas esté obligez d'amener & faire
conduire leurs marchandises en cette Ville pour y acquiter les droicts, d'autant que
pour icelles ils n'en doiuent aucuns, puis
qu'au lieu d'Aubusson en la Prouince de la
Marche, d'où elles estoient & où elles
auoient esté apprestées, toutes Aydes &
subsides y auoient cours, estoient establies
& payées, qu'ils les auoient venduës à des
Marchands regnicoles du Royaume, & y
doiuent estre consommées : D'ailleurs,
qu'elles n'estoient entrées dans la Prouince de Lyonnois, auquel cas seulement le
Demandeur peut pretendre les droicts, &
seroit bien fondé en la confiscation qu'il
demande : Au contraire, le Fermier sou-
stint qu'és Prouinces de la Marche &
Auuergne, d'où les marchandises saisies
estoient sorties les Aydes n'auoient point
cours. De consequent, qu'estans voicturées
dans ce Gouuernement, où toutes Aydes
ont

ont cours & fe payent, elles n'en auoient
peu eftre tirées, que prealablement elles
n'euffent acquittez les droicts au Bureau
de cette Ville, ce que n'ayant pas fait, elles
auoient peu eftre faifies : outre qu'elles
eftoient deftinées pour eftre confommées
hors le Royaume. Quoy que foit, dans la
Prouince de Dauphiné, en laquelle femblablement les Aydes n'ont cours, & qu'il
ne falloit point faire de difference d'entre
la Prouince de Forefts & celle de Lyonnois, puis qu'elles eftoient d'vn même Gouuernement, & fubjettes à mefmes droicts.
Surquoy Nous aurions ordonné que les
Deffendeurs rapporteroient dans vn mois
certificat en bonne forme, des Officiers du
lieu d'Aubuffon, que les marchandifes de
queftion euffent efté fabriquées audit lieu
d'Aubuffon : Enfemble autre certificat du
Senefchal de la Prouince, ou fon Lieutenant General, & Procureur du Roy, que
les Aydes euffent cours audit lieu d'Aubuffon, pour ce fait eftre pourueu aux Parties,
ainfi que de raifon : Et cependant, main-
leuée aufdits Deffendeurs de leurs marchandifes & autres chofes fur eux faifies,
aux cautions par eux preftées. Depuis les
Deffendeurs ont en execution de noftre

C

Iugement, rapporté lesdits certificats, attesté par aucuns Marchands des lieux; par
lesquels appert que les marchandises de
question ont esté apprestées au lieu d'Aubusson Prouince de la Marche, que sur
chaque tonneau de vin qui entroit en icelle, & sur les cuirs, estoit leué certain droict
pour le Roy: Mais quand il paroistroit entierement, qu'audit lieu toutes subsides fuis-
sent payées: Toutesfois, la volonté du Roy
estant, que les marchandises qui passent
dans l'estenduë de ce Gouuernement, de
quel païs qu'elles viennent, soient à droicture conduittes en cette Ville, pour y acquitter les droicts: Il s'y faut tenir, & deffendre
aux Marchands d'y contreuenir d'oresna-
uant, aux peines portées par les Arrests de
Sa Majesté, donnez sur ce subjet. Et bien
qu'en la ville de Paris toutes Aydes se payent: Ce neantmoins Iean Poignan Marchand de ladite Ville, faisant conduire des
marchandises en la ville de Marseille, &
trauersant ce Gouuernement, sans passer
en cette Ville pour y acquitter les droicts,
fut arresté & condamné par nostre Sentences du quinziéme Octobre dernier, à payer
le droicts de Douane, auec deffences à luy,
& à tous autres Voicturiers de par cy-aprés
prendre

prendre la trauerſe : ains venir à droicture
en cette ville, & y acquitter les droicts, à
peine de confiſcation de leurs marchandiſes, amende, deſpens, dommages & intereſts. Ainſi, puiſ-que ce Iugement n'a eſté
rendu & publié que poſterieurement à la
ſaiſie de queſtion, laquelle a eſté faite en
vn temps que cette ville eſtoit atteinte de
mal contagieux. Il eſcheoit ſeulement de
condamner le deffedeurs à payer, ſi fait
n'a eſté, les droicts accouſtumez pour raiſ-
ſon des marchandiſes ſaiſies, auec les fraiz
de la capture : Ce fait, main-leuée pure &
ſimple à eux faite, des manrchandiſes, &
autres choſes ſur eux ſaiſies, les cautions
& certificateur preſtées, deſchargées : Et
neantmoins deffences à eux, & à tous autres Marchands, qui feront conduire leurs
marchandiſes dans l'eſtenduë de ce Gouuernement, pour les porter en autre Prouince, de prendre la trauerſe : ains enjoint
de les faire conduire à droiture en cette ville pour y payer les droits accoſtumez, à peine de confiſcation, & de l'amende, conformément à noſtre Iugement du quinziéme
Octobre dernier, lequel ſera ponctuellemét
execute, & paſſé outre, nonobſtant oppoſitions ou appellations quelconques, & ſans

C 2   preju

prejudice d'icelles, comme deſſus: Ouys les Parties en leurs plaidez & remonſtrances; ledit Sieur Procureur du Roy, & veu les pieces par eux articulées; Tout conſideré:

IL EST DIT, Que main-leuée eſt faite des marchandiſes ſaiſies, en payant les droicts accouſtumez, & encores la ſomme de vingt liures pour les fraiz de la capture, ſi fait n'a eſté. Et neantmoins deffences ſont faites auſdits deffendeurs, & à tous autres Marchands, qui feront conduire leurs marchandiſes dans l'étenduë de ce Gouuernement, pour les porter en autre Prouince, de prendre la trauerſe; Ains leur eſt enjoint les faire conduire à droicture en cette Ville, pour y payer les droicts accouſtumez, à peine de confiſcation, & de l'amende, conformément à noſtre jugement du quinziéme Octobre dernier; Les cautions & certificateur par eux preſtées, deſchargées, & paſſé outre, nonobſtant oppoſitions ou appellations quelconques: Et ſans prejudice d'icelles. FAIT audit Bureau, le Mercredy vingt-quatriéme jour du mois de Nouembre mil ſix cens trente-huict. Signé, DE MERLE, PIANELLO, LANGLOIS, CROPPET, & PVGET Procureur du Roy. Et BLACHE, Greffier.

AVTRE SENTENCE DON-
née par Messieurs les Iuges de ladite
Doüane de Lyon, le 24. Nouembre 1638.

LES IVGES DE LA DOVANE à Lyon, assemblez au Bureau d'icelle, pour les affaires de sa Majesté: Sçauoir faisons, que le jour & datte des presentes, comparant pardeuất Nous audit Bureau, Maistre Pierre Viallier Procureur de Maistre Noël Dapars, Fermier General des cinq grosses Fermes de France, la Doüane dudit Lyon comprise; assisté de Maistre Iean de Chauanes, Controolleur general en ladite Doüane: Novs a dit & resmonstré, qu'encores que les Marchands & Voituriers soient astraints de faire passer par cette ville de Lyon, les marchandises originaires de ce Royaume, qu'ils veulent transporter és pays de Sauoye, Dombes, Franche-comté, Geneve, Suisse, Allemagne, & autres païs Estrangers, pour y payer les droicts de Doüane: Ce neantmoins, cette Assemblée n'est importunée que des requisitions qu'il

C 3　　nous

nous est contraint faire journellement sur
les contrauentions desdits Marchands,
qui se preualent, en faisant naistre quelque
pretexte d'excuse, éstans attrapez en ce for-
fait, d'obtenir la main-leuée de leurs marchandises, en payant simplement les droicts
qu'il doiuent legitimement, & qu'ils auoiét
voulu éulter par les trauerses qu'ils prennent pour ne passer en cette Ville, & y acquiter lesdits droicts. Ce qui estoit tollerer
la volonté que lesdits Marchands & Voicturiers auoient, en ce faisant, de fruster les
droicts de sa Majesté: Au lieu de leur faire
souffrir la peine qu'ils auoient encouruë, &
encouroient tous les jours, suiuant les Arrests du Conseil de sadite Majesté, Iugemés
rendus, tant par les Sieurs Presidens & Tresoriers Generaux de France en cette Generalité, que par Nous au Bureau de cette
Doüane, deuëment publiez & affichez:
Car en effect, par l'Arrest du Conseil, du
vingt-quatriéme Mars mil six cens & trois,
publié & affiché où besoin auoit esté, par
Bigaud Huissier, le neufuiéme Feurier mil
six cens & douze: Et ladite publication rei-
terée par Denauzieres aussi Huissier, le
cinquiéme du present mois; Il auroit esté
ordonné ausdits Marchands & Voicturiers
qui

qui voudroient faire transporter des marchandises originaires de ce Royaume, és
susdits païs Esttrangers, de les faire passer
en cette Ville, pour y payer les droicts de
Doüane, à peine contre chacun des contreuenans, de confiscation de leurs marchandises, cheuaux, charrettes, mulets,
batteaux, & d'amende arbitraire, soubs
lesquelles peines encor, lesdits Sieurs Presidens & Tresoriers generaux de France
au Bureau de cette Generalité, auroient
expressément defendu ausdits Marchands
& Voicturiers, conduisans, & faisans conduire des marchandises, de les faire passer
ailleurs qu'en cette ville de Lyon, & au Bureau de de la Doüane, pour y estre veües
& visitées, payer & acquiter les droicts par
leur Sentence du dernier Aoust mil six cens
vingt-sept, conformément ausquels Arrests
du Conseil, & Iugemet susdit, par nostre
Sentence du quinziéme Octobre dernier,
renduë entre luy Demandeur, & Sieur Iean
Poignan Marchand de Paris, Defendeur
& contreuenant; En ce qu'au lieu de venir
à droicture en cette Ville, auec ses marchandises qu'il voulois conduire à Marseille, il les auroit fait prendre la trauerse
par le Forests, Nous aurions ordonne qu'inhibitions

C 4

hibitions & defences estoient faites à tous
Marchands, qui feroient conduire leurs
marchandises dans l'estenduë de ce Gou-
uernément, pour les porter en autre Prouince, de prendre la trauerse, ains leur
auroient enjoint de les faire conduire directement en cette Ville, pour y payer les
droicts accoustumez, à peine de confiscatió,
de cinq cens liures d'amende, & autre plus
grande s'il y escheoit. Et afin que nul n'en
pretendit cause d'ignorance, que nostre
jugement seroit publié & affiché en cettedite Ville, & autres lieux & endroicts où
lesdits Marchands pouuoient prendre la
trauerse. Ce qui auroit esté fait par ledit
Denauzieres Huissier, le cinquiéme du
présent mois; Si bien que maintenant il
ne faloit plus douter que ceux qui se trou-
ueroient auoir enfraint lesdits Arrests du
Conseil & susdit jugement, n'en couruf-
sent les peines y conuenuës : Et les Sieurs
Thibaud & Defaye Marchands de Paris,
ne s'en peuuent excuser. OR EST-IL,
qu'il estoit donc certain que les quatre bales saisies par Maistre Anthoine Saunier,
Controolleur & Garde à Cheual de ladite Doüane, au lieu d'Oulins, distant
de cette ville de Lyon d'vne lieuë seule-
ments

ment; Enfemble le chariot & quatre cheuaux qui les trainoient, eftoient fulets à confifcation : car en toutes façons il paroiffoit
qu'ils n'auoient autre deffein , que d'éuiter
le paffage de cette Ville, & frauder par ce
moien les droicts deubs à fa Majefté. Et premierement, il paroiffoit par la lettre de
voicture que lefdits Sieurs Thibaud & de
Faye enuoyoient aux Sieurs Aymond, Raymond & Arthaud, lefdites quatre bales
marchandife, marquées des Numero &
marques y contenuës, par la conduitte de
Michel Giroud, auquel ils auoient donné charge de les conduire au port de Pierre Benifte, où lefdits Sieurs Aymond, Raymond & Arthaud, les receuroient, lefquels vray femblablement auoient procu-
ré que ladicte conduite euft efté ainfi or-
donnée : qui auroit occafionné le demandeur de Nous prefenter requefte le dix-
huictiéme du prefent mois : Et en vertu
de noftre Ordonnance, les faire affigner
pardeuant Nous, pour voir adjuger la confifcation defdites quatre bales marchandifes, charriot & cheuaux, & fe voir condamner en l'amande contre eux indicte,
& aux defpens, pour auoir contreuenu
aufdits Arrefts & Ordonance, & fait paf-

fer lefdites marchandifes à la trauerfe, par
voyes obliques, & deftournées pour s'e-
xempter du payement des droicts de Doüane deubs au Roy : Et ledit Demandeur
n'eftime pas que contre ladite faifie il y
ait aucune chaufe à dire, ny que lefdits
Defendeurs puiffent éuiter la peine qu'ils
ont merité. Conclud partant ledit Demandeur, à ce que les fins & conclufions prin-
fes par luy en fa requefte, luy foient faites
& adjugées, auec defpens, dommages, &
interefts de l'inftance. Adjouftant que fi
bien y a plus de deux mois, il permit au deffendeur de faire conduire quelques marchandifes au port de Pierre Benifte, fans les
faire paffer par cette Ville, c'eftoit à caufe
de la maladie contagieufe; laquelle caufe
ceffe à prefent, puis-que par la grace de
Dieu, cette Ville n'en eft plus affligée. Oüy
fur ce Maiftre Favre l'ayné Procureur des
Sieurs Louys Aymond, Henry Raymond,
& Iean Arthaud, Marchands de cette Ville,
deffendeurs; Qui a dit que les marchandifes faifies ne leur appartiennent pas, ains à
Sieur Iofeph Renaud, Marchand de la ville de Thurin en Piedmont, leur amy, pour
lequel l'adreffe leur en a efté faite. Et de
confequent, ledit Fermier l'a deub action-
ner,

ner aux fins de ſa requeſte, & non pas eux.
Mais puis qu'il eſt abſent, ſouſtiennent
pour luy, que la ſaiſie dudit Sieur Fermier
ne ſe peut ſouſtenir, nonobſtant toutes les
pretenduës Ordonnances qui ſont alleguées de ſa part : Car à cauſe de la conta-
gion dont cette Ville a eſté affligée puis le
mois de Iuin dernier, qui a donné ſujet à la
conteſtation dont s'agit: ledit Sieur Renaud
& Compagnie ne pouuans faire paſſer par
cette Ville les marchandiſes qu'ils faiſoient
venir de Paris, parce qu'elles n'uſſent pas
eſté receuës en Piedmont, ny meſm＾ encor
à preſent, ſans faire vne exacte quarantaine : Il auroit traité auec ledit Fermier, &
l'auroit payé des droicts de Doüane en la
ville de Paris, pour des marchandiſes qu'il
auroit fait paſſer en ce païs, & trauerſer le
Rhoſne à Pierre Beniſte : Depuis ledit Fermier, ou ledit Sieur de Chauanes, Intendant de la Doüane de cette Ville, ayant
fait entendre qu'il deſiroit que les droicts
des autres marchandiſes qui ſeroient conduites audit lieu de Pierre Benite, fuſſent
payez en ce Bureau; lors que les marchandiſes furent arriuées audit lieu de Pierre
Beniſte, ledit Sieur de Chauanes en fut par
eux aduerty, & y ayant enuoyé vn Commis,

mis, sur le rapport qu'il fit, les droicts du
Roy furent payez, ensemble ceux du tiers
de la Ville, & ainsi en eust esté vsé pour les
marchandises dont s'agit, si ledit Fermier
n'eust vsé de precipitation, les ayant fait
saisir au lieu d'Oullins, esloigné d'vne grande demy lieuë dudit lieu de Pierre Beniste.
Ayant par cette saisie injurieuse osté le
moyen d'estre aduery de l'arriuée desdites
marchandises audit lieu de Pierre Beniste:
Et d'alleguer qu'il y a eu jugement poste-
rieur aux precedentes voictures, par lequel
il est enjoint conduire en cette ville de
Lyon, les marchandises venans de Paris, &
autres endroits de France : Cela ne peut
nuire, puisque ledit Fermier a esté chargé
de faire publier & afficher ladite Ordonnance. Ce qui n'auroit esté fait, sinon le
cinquiéme jour du present mois de Nouembre, auquel temps les marchadises saisies estoient en chemain, comme se void
par la lettre de voicture, dont ledit Sieur de
Chauanes, ou ses Commis, se sont saisis : à
quoy sera adjousté, que la pluspart desdites
marchandises ont ja payé tous les droicts
d'éntrée au Royaume, ainsi qu'il se void
par l'acquit qu'il a en main, en sorte qu'elles
ne doluent aucuns droicts de Douane, &
celles

celles qui n'ont payé, ne doiuent que fort
peu de chose, qui fait bien voir que l'on
n'a eu aucune intention de frauder. C'eſt
pourquoy, joint l'offre de payer les droicts
de Doüane & le tiers de la Ville, des marchandiſes qui n'auroient pas payé Soûtient
qu'ils doiuent eſtre renuoyez abſous, & ladite ſaiſie reuoquée auec deſpens, dommages & intereſts, Toutes leſdites marchandiſes renduës ; & ceux qui en ſont ſaiſis, contraints à la reſtitution, nonobſtant oppoſitions ou appellations quelconques , &
ſans prejudice d'icelles. Maiſtre Iacques
Proſt Conſeiller du Roy, Aduocat pour le
Procureur dudit Seigneur de luy aſſiſté, dit
qu'il eſt vray que les Marchands taſchent
tant qu'ils peuuent d'échaper le payement
des droicts qu'ils doiuent à ſa Majeſté, pour
les marchandiſes qu'ils negotient, par le
moyen des détours qu'ils font prendre aux
Voicturies, en éuitant le paſſage de cette
Ville. Il eſt auſſi vray que Nous auons pourueu à cela par noſtre Iugement du quinziéme Octobre dernier, en ſuite des Arreſts de ſa Majeſté, en ce que nous auons
enjoint aux Marchands conduiſans des
marchandiſes dans l'étenduë de ce Gouuernement, pour les porter en autre Prouince,

uincé, de les faire paſſer par cette Ville, &
non ailleurs, pour y payer les droicts accouſtumez ; auec defences auſdits Marchands, de par cy-apres prendre la trauerſe, à peine contre les contreuenans de confiſcation de leurs marchandiſes, & autres
choſes ; cinq cens liures d'amande, & plus
grande ſomme s'il y écheoit : Et afin que
perſonne n'ignorat la teneur de noſtre jugement, qu'il ſeroit publié par tous les lieux
de cette Ville, & autres endroits où leſdits
Marchands & Vo ꞁ uriers peuuent prendre la trauerſe: Ce qui ſuffit pour contenir
leſdits Marchands dans leur deuoir ; Et s'il
pàroiſſoit que les Deffendeurs euſſent en-
trepris la voicture des marchandiſes de queſtion, poſterieurement à la publication de
noſtre jugement, & qu'ils euſſent eu deſſein
en éuitant le paſſage de cette Ville, de frauder les droicts deubs à ſa Majeſté, Ils auroient encouru les peines de noſtre jugement, & ne s'en ſçauroient redimer. Mais
ils dient que de la pluſpart de leurs marchandiſes n'eſt deub aucune choſe, pour
auoir payé les droicts à l'entrée du Royaume ; Et pour les autres, qu'ils ne doiuent
que fort peu de choſe ; & que pour ce, ceux
à qui elles appartiennent, en auoient trai-
ꞇé

été auec le Fermier, pour les exempter de
paffer par cette Ville, à caufe du foupçon
de la maladie contagieufe qui y regne. A
quoy il y a quelque apparance, puis que ledit Demandeur en demeuré en quelque
façon d'accord; & que d'ailleurs, lors de
la publication de nôtre Iugement, les marchandifes eftoient en chemin, & ne fça-
uoient rien lefdits Defendeurs d'iceluy:
N'ayant efté publié en cette Ville que le
cinquiéme du prefent mois, & és lieux où
les trauerfes fe prennent, feulement depuis
le huictiéme jufques à ce jourd'huy, & mefmes ladite publication n'eft pas entierement paracheuée, tellement qu'il ne fe
void pas qu'il y ait lieu d'ordonner la confifcation: Eftime que main-leuée doit eftre
faite aux Defendeurs des marchandifes de
queftion fur eux faifies, en payant les
droicts accouftumez; Enfemble les frais
de la capture. Et neantmoins puis que
c'eft la volonté du Roy, & le bien public de cette Ville: Il requiert à ce que
noftredit Iugement du quinziéme Octobre dernier, foit ponctuellement executé,
& paffé outre, nonobftant oppofitions ou
appellattons quelconques, & fans prejudice d'icelles. ET VEV par Nous le verbal

bàl & faifie des marchandifes de queftion,
en quatre balles, chargées fur vn charriot,
attellé de quatre cheuaux, fait au lieu d'Oullins, par Saunier Controolleur & Garde
general à cheual de la Doüane, du quatorziéme du prefent, de luy figné. Requefte à
Nous prefentée par ledit. Demandeur le
dix-huictiéme dudit, tendant à confifcation defdites marchandifes, & condamnation d'amende, defpens, dommages & interefts, fignées de Chauanes. Noftre Ordonnance au bas, fignée, de Seuë : Enfemble l'exploict d'affignation baillé aux Deffendeurs, par Duboys Sergent Royal,
Noftre Sentence du quinziéme Octobre
dernier, renduë entre le Fermier Demandeur, & fieur Iean Poignan, Marchand de
Paris, Deffendeur : Par laquelle Nous aurions fait inhibitions & deffences à tous
Marchands, qui feroient à l'advenir conduire leurs marchandifes dans l'eftenduë
de ce Góuuernement, pour les porter en
autre Prouince, de prendre la trauerfe,
auec injonction de les faire conduire à droicture en cette Ville, pour y payer les droicts
accouftumez, à peine de confifcation de la
marchandife, de cinq cens liures d'amende, & plus grande s'il y efcheoit : Et afin
                                        que

que perfonne n'en pretendit caufe d'ignorance, que noftre Iugement feroit leu, publié, & affiché en cette ville, és lieux accouftumez : Et encores és lieux de Roüane,
& autres endroits & paffages où l'on peut
prendre la trauerfe & paffer outre, nonobftant oppofitions ou appellations quelconques, & fans prejudice d'icelles. Exploict
de publication de noftredite Ordonnance,
és lieux accouftumez & carrefours de cette
ville, du cinquiéme du prefent mois. Autre
exploict de publication d'icelle, fait aux
lieux de la Tour, bourg de Larbrefle, Tarare, Roüane, & autres lieux, des huict, neuf,
dix, & autres jours fuiuans dudit prefent
mois de Nouembre, le tout figné Denau-
ziere Huiffier. Billet d'acquit pour vn pac-
quet, contenant quantité de toiles, N° neuf,
fait au Bureau de Picardie, eftably à Calais,
du fixiéme Octobre dernier, figné Dal-
mas. Lettre de voicture, efcrite à Paris le
vingt-cinquiéme Octobre dernier, par les
Sieurs Thibaud & Defaye, aux Deffendeurs, Marchands en cette ville, à Pierre
Benifte, de l'enuoy de quatre balles, pefans
quatorze cens cinquante liures, par la
conduite de Michel Giroud : tout confideré,

D   IL

IL EST DIT, apres qu'il Nous eſt ap-
paru que noſtre Iugement du quinziéme Octobre dernier, n'a eſté publié que le
cinquiéme du preſent , Que main - leuée
eſt faite aux Deffendeurs , des marchandiſes ſaiſies, en payant les droicts accouſtumez , & encores la ſomme de dix liures
pour les fraiz de la capture : Et neantmoins leur eſt enjoint de faire paſſer à l'ad-
uenir leurs marchandiſes en cette Ville,
conformément à noſtre Iugement dudit
jour quinziéme Octobre dernier , & aux
peines y contenuës ; & paſſé outre, nonobſtant oppoſitions ou appellations quelconques , & ſans prejudice d'icelles. FAIT
audit Bureau , le Mercredy vingt quatriéme Nouembre mil ſix cens trente-huict.
Signé, DE MERLE, PIANELLO,
LANGLOIS, I. P. CROPPET, &
PVGET Procureur du Roy. Et BLACHE
Greffier.

SENTEN

✿✿✿✿✿✿✿·✿✿✿✿✿·✿✿✿✿✿

SENTENCE,

PAR LAQVELLE L'ON A confifqué trois charges de Marchandifes fur Iean Catte, qui les menoit à la trauerfe pour Dauphiné, & ce faute d'auoir payé les droicts de Doüane.

LES IVGES de la Doüane à Lyon, affemblez au Bureau d'icelle pour les affaires de Sa Majefté : Sçauoir faifons, que fur ce que Maiftre Pierre Viallier Procureur de Maiftre Noël Depars Fermier general des cinq groffes Fermes de France, la Doüane de Lyon y comprife, affifté de Maiftre Iean de Chauanes Controolleur general de laditte Doüane, Nous à dit & remonftré, que par plufieurs de nos Iugemens, entre autres par celuy du quinziéme Octobre mil fix cens trente-huict, Nous auons fait defences à tous Marchands & Voicturiers qui feront entrer leurs marchandifes dans ce Gou-

D 2 uernement

uernement, pour les conduire en vne autre
Prouince, de prendre la trauerfe, ains
leur eft enjoint de les amener en droiture en cette Ville pour y payer les droicts
de Doüane accouftumez, à peine de confifcation defdites marchandifes, & de cinq
cens liures d'amende. Lequel Iugement
a efté leu, publié à fon de trompe, cry
public, & affiché tant és lieux accouftumez en cette Ville, que és Villes & Bourgs
de la Prouince par où les Marchands pourroient prendre la trauerfe, afin qu'ils n'en
puiffent pas pretendre caufe d'ignorance,
dés le mois de Nouembre dernier. Nonobftant lefquelles defences, la meilleure
part des Marchands ne laiffent de continuer à faire paffer leurs marchandifes par
la trauerfe, pour s'exempter du payement
des droicts de ladite Doüane, & entre autre Iean Catte, de Giuaudan, lequel eftant
rençontré au grand chemin qui va de
Bourg Argental en Andance, par les Gardes à cheual dudit Fermier le trentiéme
May dernier, auec trois mulets chargez de
fix bales cadis du Puy, ou dudit Giuaudan, pour les faire conduire en Dauphiné, ainfi qu'il a recognu, & comme il appert par l'acquit de la Doüane de Valence,
                                    pris

pris au Bourg Argental ledit jour trentiéme
May ; ils l'auroient arresté auec lesdits mulets & marchandises, & iceux fait conduire
en cette Ville, par faute d'y estre venus payer lesdits droicts de Douane, ainsi qu'il
se void par le procez verbal de saisie desdits Gardes à cheual, soustenant ledit Viallier que la saisie est bonne & valable, &
que pour auoir contreuenu par ledit Catte
à nos precedens Iugemens, les six balots
marchandises, auec les trois mulets sur
lesquels ils estoient chargez, seront declarez acquis & confisquez au Roy, & luy
condamné d'amende, pour auoir fait entrer sa marchandise en ce Gouuernement
pour la faire porter en Dauphiné, sans au
prealable estre venu à Lyon pour y payer
lesdits droicts de Douane. Mellier Procureur & assisté dudit Catte, à dit que sa
Partie estant du lieu de Giuaudan, & ayant
voulu entreprendre de negocier quelques
marchandises & draps dudit pays, & en
faisant conduire trois charges sur trois mulets au pays de Dauphiné, passant au lieu
du Bourg Argental en Forests, il y auroit
acquité les droicts de Douane de Valence,
ainsi que de ce resulte par le billet qu'il à
en main du trentiéme May dernier, signé
D 3   Boullioud

Boullioud pour le sieur Rochette Commis,
& payant ledit droict de Doüane de Valence, il n'a creu qu'il en fût deub aucun
autre, ne luy ayant esté demandé;Et quant
à nos pretendus jugemens non plus que
des publications, affiches d'iceux ausdits
lieux du bourg Argental, Saint Iulien, &
ailleurs, ainsi que le propose ledit Viallier,
n'est venu à la connoissance dudit Defendeur, n'ayant jamais eu intention de frustrer les droicts du Roy; neantmoins sor-
tant dudit Bourg Argental,les Gardes de
la Doüane de cette Ville luy auroit saisi ses trois charges de marchandises & les
trois mulets, & luy firent commandement
de venir deuant Nous,sur lequel il y a obey;
Et soustient,apres l'offre qu'il fait de payer
les droicts de Doüane, que main leuée luy
doit estre faite,& ses mulets & marchandises renduës auec despens, dommages &
interests, & despens de son sejour; A quoy
il conclud.

Me Iacques Prost Conseiller du Roy,
Aduocat pour le Procureur dudit Seigneur,
de luy assisté, dit que sur semblables difficultez, diuerses nos Ordonnances sont in-
teruenuës,& entr'autres le 15. Octobre dernier, par lesquelles aurions ordonné entre
autre

autre chofe , qu'inhibitions & deffences
eftoient faites à tous Marchands, qui feroient conduire leurs marchandifes dans
l'eftenduë de ce Gouuernement, pour les
porter en autre Prouince,de prendre la trauerfe, ains leur aurions enjoint de les faire
conduire en droicture en cette ville, pour
en payer les droicts accouftumez, à peine
de confifcation de ladite marchandife, &
de cinq cens liures d'amende, & autre plus
grande s'il y efcheoit , lefquelles auroient
efté publiées & affichées en cette ville aux
lieux accouftumez , & encores au Bourg
Argental, Saint Iulien , & autres endroits
& paffages où l'on peut prendre la trauerfe; & ayant ledit Deffendeur contreuenu
à nofdits Iugemens, eftime que les marchandifes faifies, doiuent eftre declarées
acquifes & confifquées au Roy, en confequence de ce, venduës au plus offrant &
dernier enchериffeur, le prix en prouenant,
delivré le tiers au denonciateur, le furplus
au Fermier en fuite de fon Bail, les fraiz de
Iuftice par vn prealable leuez. Et fur le dif-
ferent cy-deuant né entre le Receueur du
Domaine & le fufdit Fermier, pour le maniement de femblables deniers que ceux
de queftion, attendu l'Arreft du Confell

dü neufviéme Iuillet mil fix cens trente-
trois, renuoyer tant ledit Receueur que
Fermier au Roy & à Noffeigneurs de fon
Confeil, pour leur eftre pourueu felon fon
bon plaifir, & paffer outre nonobftan. oppofitions ou appellations quelconque. &
fans prejudice d'icelles. VEV par Nous le
procez verbal & faifie des marchandifes de
queftion en fix balles cadis, chargées fur
trois mulets, fait fur le grand chemin qui
conduit dudit Bourg Argental à Andance,
par Beau, Geoffrenet & Saunier, Controol-
leurs & Gardes generaux à cheual de la
Doüane, du trentiéme May dernier, d'eux
figné, contenant affignation donnée audit
Catte Deffendeur, Et tout confideré, IL
EST DIT que les marchandifes faifies,
font declarées acquifes & confifquées au
Roy, en confequence, Ordonné qu'elles
feront venduës au plus offrant & dernier
encheriffeur, & le prix en prouenant, deliuré le tiers au denonciateur, le furplus au
Fermier en fuite de fon Bail, les fraiz de
Iuftice par vn prealable leuez. Et en faifant
droict fur le diferent cy-deuant né entre
le Receueur du Domaine & le fufdit Fermier, pour le maniement de femblables
deniers que ceux de queftion, tant ledit
Receueur

Receueur que Fermier se pouruoiront au Roy & à Nosseigneurs de son Conseil, pour leur estre pourueu selon son bon plaisir & volonté, & passé outre nonobstant oppositions ou appellations quelconques, & sans prejudice d'icelles. FAIT dans le Bureau de ladite Doüane le troisséme jour de Iuin mil six cens trenté-heuf. Signé, Dugué, Murat, Langlois, Croppet , & Puget Procureur du Roy.

Prononcé à Maistre Viallier Procureur dudit Depars Fermier & Demandeur, assisté dudit sieur de Chauanes , & à Maistre Mellier Procureur dudit Catte, de luy assisté ; qui a dit , qu'il proteste de se pouruoir. Acte, les an & jour que dessus. Espices douze escus.

✽✽✽✽✽✽✽✽✽✽✽✽✽✽✽✽✽✽✽✽✽✽✽✽

SENTENCE DES IVGES
de la Doüane de Lyon, Portant con-
firmation de l'Ordonnance par eux
renduë le 27. Iuin 1644. concernant
les factures, ou declarations que les
Marchands sont obligez de donner
auant l'ouuerture des Balles, Caisses
& Fardeaux.

ES IVGES & Commiſ-
ſaires deputez par Sa Majeſté
pour la Doüane de Lyon : Sçauoir faiſons, qu'eſtans au Bureau de ladite Doüane, s'eſt
preſenté Maiſtre Favre l'aiſné Procureur
pour les Marchands & Negocians de cette
ville de Lyon, qui Nous a dit, que par ſa Requeſte du vingt-vniéme de ce mois, qui eſt
ſignée de bon nombre d'iceux, qui ſont cy-
preſens. Il Nous auroit repreſenté, que de
tout temps dans l'exercice & fonction de
leur negoce ils auoient fait, & faiſoient venir des marchandiſes de diuerſes natures
des Prouinces tant de ce Royaume qu'e-
ſtrangeres, leſquelles ils faiſoient conduire
par

par terre , & par les riuieres de Loire &
Saone en cettedite Ville, où elles eſtoient
deſchargées & conſignées au Bureau de la
Doüane à la maniere accouſtumée , dont
elles eſtoient retirées par leſdits Marchands
auſquels elles appartenoient , en payant les
droicts du Roy & autres, ſuiuant les Tarif-
fes dreſſées à cét effect , neantmoins puis
quelque temps en-çà le Fermier de ladite
Doüane, ou quoy que ſoit, ſes Commis, s'e-
ſtoient ingerez de vouloir forcer les Marchands & Negocians de rapporter leurs
factures , declarer & certifier par leur eſ-
crit & ſignature au bas d'icelles , que les
marchandiſes ſpecifiées eſdites factures
eſtoient les meſmes contenuës dans les balles qui auoient eſté conſignées. Voulans de
plus, que leſdites declarations contiennent
la qualité, quantité , nombre & poids des
marchandiſes deſdites balles, caiſſes ou balots ; apres leſquelles declarations ledit Fermier entendoit faire ouuerture d'icelles
pour en faire la reconnoiſſance , & perceuoir ſes droicts, comme apparoiſſoit par
la reſponſe qu'auoit fait Maiſtre François Pourfour Commis general de ladite
Doüane , à la ſommation à luy faite à la
requeſte du ſieur Proſt Marchand audit
Lyon,

Lyon, du douziéme Octobre dernier, se
fondant sur vne pretenduë Ordonnance
du vingt-septiéme Iuin aussi dernier, par
Nous renduë à sa seule requisition, sans
que les Demandeurs fussent ouys ; Que si
elle auoit lieu, ce seroit vne innouation tres
prejudiciable ausdits Negocians, outre que
ledit Fermier s'en seruiroit comme d'vn
piege à surprendre tous ceux qui auroient à
retirer des bales, fardeaux ou caisses de ladite Doüane, sans que de la part d'iceux
Negocians y eust aucune faute, mais ils
courroient diuers rencontres de souffrir
des confiscations, par le defaut des Marchands & Commissionnaires qui leur en-
uoyent lesdites marchandises, & par leurs
Seruiteurs & facteurs qui pourroient faire
des fautes aux factures dans les embalages,
mesmes en la marque desdites bales, qui
pourroit estre mise sur l'vne pour l'autre,
ainsi qu'il arriue souuent ; outre qu'iceux
Negocians seroient responsables des frip-
ponneries qui leur pourroient estre faites
en chemin, ouurans les bales pour y mettre
des choses qui pourroient causer la confiscation ; Que si cette nouueauté auoit lieu,
il se pourroit faire que dans les propres
Magasins de ladite Doüane, les bales pour-
                                    roient

roient y receuoir de l'alteration pour mettre lesdits Marchands en faute, & plusieurs
autres inconueniens, qui n'estans preue-
nus, pourroient arriuer, au grand prejudice du commerce; Que ledit Fermier pour
vexer dauantage lesdits Negocians, vouloit aussi contraindre les Voicturiers de declarer specifiquement toutes les marchandifes de leur conduite, en tous les Buraux
anciens & nouueaux que ledit Fermier
auoit eſtably à la foule & charge desdits
Negocians & Voicturiers, & en suite auoit
fait arrefter au Bureau de Chaslon sur
Saôsne le quinziéme dudit mois d'Octobre
quatre bales,caisses ou valizes,qu'ils auoient
ouuertes & inuentoriées en gros le contenu d'icelles, ayant contraint Iean Barus
Voicturier d'en faire la consigne audit Bureau, comme il Nous apparoist par ledit
inuentaire & acquict des Commis dudit
Bureau; Ce que ledit Fermier ne pouuoit
ny deuoit faire, parce que telles declarations ne doiuent eſtre faites qu'aux Bureaux des entrées du Royaume pour les
marchandises eſtrangeres, & non ailleurs,
ainſi qu'eſt porté par expres par Edict de
l'année mil cinq cens quarante, par lequel les Voicturiers par la riuiere de Saoſ-
ne

ne, font obligez auant qu'entrer en cétte
Ville par la Chaine, de faire la configne
des marchandifes de leur conduite au Bureau de cette Doüane, ne pouuant ledit
Fermier faire voir que l'on euft jamais vfé
autrement, ny mefmes que par fon Bail
il y euft pouuoir d'eftablir telle nouueauté, Lequel Fermier, au prejudice des Edicts,
fe faifoit encor payer fur les marchandifes Eftrangeres, à l'entrée du Royaume,
des grands droicts, à quoy lefdits Marchands n'eftoient tenus, ains feulement de
declarer comme dit eft, és Bureaux des
entrées du Royaume, la qualité des marchandifes des bales qui y arriuoient, illec
prendre acquit à caution pour payer les
droicts deubs pour lefdites marchandifes,
au Bureau de cettedite Doüane; Que neantmoins ledit Fermier n'a laiffé d'exiger &
faire payer és Bureaux d'Ingrande & Torcy, & entrée de ce Royaume, des grands
droits fur les marchandifes Eftrangeres qui
y paffoient pour venir defcharger en cettedite Doüane, fans que pour ce il voulut
faire aucune reftitution ny deduction aux
Marchands, lors qu'ils retiroient & acqui-
toyent leurfdites marchandifes, & en auoit
efté refufant ainfi qu'ils Nous apparoif-
soit

foit par vn acte de fommation, faite à la requefte de fieur Pierre Clement audit fieur Pourfour ledit jour douziéme Octobre; Et autre fommation faite par le fieur Mont-rozat Marchand de cette Ville, apres auoir payé audit Bureau d'Ingrande & de Torcy. Sur quoy lefdits Negocians auroient conclu & fait adjourner ledit Fermier deuant Nous à l'heure prefente, pour voir dire, qu'ayant efgard à ce que deſſus, & que ladite Ordonnance du vingt-feptiéme Iuin dernier auoit efté renduë fur fimple requefte, fans qu'aucuns des intereſſez euſſent efté oüys ny appellez, & contre le prejugé par Nous rendu fur femblable fujet au profit de Iean Sorbiere, contradictoirement auec le precedent Fermier, le fixiéme Nouembre mil fix cens trente-fept, lefdits Marchans & Negocians demandeurs foient receus oppofans à l'execution d'icelle Ordonnance du vingt-feptiéme Iuin dernier; & rendant droict fur leur oppofition, qu'il foit ordonné que les marchandiſes, qui feroient amenées au Bureau de ladite Doüane, de quel lieu ou Prouince que ce foit, tant de ce Royaume qu'eftrangeres, feroient ouuertes en la prefence des Marchands & proprietaires d'icelles, d'icelles, si mieux ledit Fermier ne se contentoit d'acquiter sur les Factures qui luy seroient monstrées par lesdits Marchands, sans toutesfois demeurer responsables du plus ou moins que par erreur pourroit estre dans lesdites balles, & en suite retirer & prendre ses droicts de Doüane à la forme de la Tariffe, suiuant les sortes de marchandises qui se treuueroient esdites balles, & deffences audit Fermier d'arrester par cy-apres és Bureaux des cinq grosses Fermes, les balles marchandises y venans tant par eau que par terre, pour estre conduites & deschargées en la Doüane de cette Ville, ny icelles ouurir esdits Bureaux, à peine de trois mil liures, & que pour les droicts qu'ils exigeoient és entrées du Royaume, qu'ils seroient tenus les restituer aux Marchands de cette ville, ou leur en tenir compte sur les droicts de Doüane qu'ils se treuueroient deuoir, en retirant en cette ville leurs marchandises, auec pareilles deffences de recidiuer soubs les mesmes peines, Et que cependant les marchandises arrestées à Chalon sur Saosne, ou ailleurs, & autres Bureaux de ladite Ferme, seroient relachées, & conduites en la Doüane de cettedite Ville, pour estre retirées en payant

yant les droicts, & de mesme pour les autres marchandises, qui estoient lors au Bureau & Magasins de ladite Douane; Partant persiste à l'interinement de leurdite
Requeste, & adjoustant à icelle, Que deffences soient faites audit Fermier de faire
mettre aucunes marques, ainsi qu'il se jacte
& fait effort de vouloir mettre, sur les enue-
loppes des balles qui sont enuoyées de cette Ville en celle de Paris, & autres lieux
par la riuiere de Loire, Comme encores
d'exiger les quatre liures dix sols qu'ils for-
cent les Marchands de payer pour chacune balle de soye, qui est conduite en cette
Ville par autre endroit que par le pont de
Beauuoisin. Et finalement, que pareilles
deffences luy soient faites de plus exiger le
pretendu droict de Traite foraine qu'il force les Negocians & les Voicturiers & conducteurs de marchandises, de payer pour
les marchandises descendans sur ladite riuiere, venans de cette Ville & Gouuernement, attendu qu'elles viennent de lieux où
les Aydes ont cours, & sont conduites aux
Prouinces où pareillement lesdites Aydes
ont cours, lesquelles conclusions ne peuuent estre empeschées par ledit Fermier
soubs pretexte de ladite Ordonnance du
E vingt-

vingt-septiéme Iuin dernier , si l'on con-
sidere qu'elle a esté renduë sur des suppo-
sions , soubs dorrection, & sans qu'aucuns
des interessez ayant esté oüys , estant à re-
niarquer que ledit precedent Fermier,
ayant voulu faire regler cy-deuant vne
chose de moindre importance , qu'estoit
de necessiter ceux qui font fabriquer des
rubans & passemens à Saint Chaumont &
à Saint Estienne, de venir prendre certificat
de   des
Officiers de cette Douane, il fut chargé,
auant que d'y estre prononcé , de faire appeller les Consuls desdits lieux de Saint
Chaumont & S. Estienne, lesquels ayans
comparu , & fait voir que la requisition
dudit Fermier estoit sans fondement ny
raison , ils l'en firent debouter. Doncques
l'on ne doit faire aucun estat de ladite Ordonnance du vingt-septiéme Iuin , puisque
les Sieurs Preuost des Marchands & Escheuins de cette Ville, non plus que lesdits
Marchands & negocians , n'ont point esté
oüys.

Maistre Charles Grollier Aduocat & Pro-
cureur general pour les Sieurs Preuost des
Marchands & Escheuins de cette Ville,
& Communauté de Lyon , dit que lesdits

sieurs

fieurs Preuoſt des Marchands & Eſchoüins
de cettedité Ville ſe rendent Parties inter-
uenantes en cette cauſe, par le grand intereſt que le general de cettedite Ville a d'e-
peſcher que l'on n'eſtabliſſe des nouueau-
tez, tellement prejudiciables au commerce
d'icelle, qu'elles ſont capables de le ruiner
entierement, puiſque ſi elles auoient lieu,
il n'y a point de Marchand qui ne peuſt
eſtre ruyné ou par la meſgarde de ſes cor-
reſpondances ou Commettans, ou par la
malice & fraude des Voituriers ou Commis des Fermiers de la Doüane, comme
plus au long a eſté repreſenté par Maiſtre
Favre Procureur deſdits Marchands, les
plaidé & remonſtrances duquel ledit Grollier employe pour n'vſer de redite, & ad-
jouſte, Que toutes les Ordonnances de la
Doüane, qui obligent les Marchands de
bailler les factures de leurs marchandiſes,
ne font aucune mention des marchandiſes
eſtrangeres, leſquelles apportans en ce Royaume, l'on eſt obligé d'en faire la declaration au premier Bureau par où elles entrent;
Mais pour ce qui eſt des marchandiſes originaires, il n'y a nulle ſorte d'obligatio d'en
remettre les factures; qu'ainſi ne ſoit, les
Marchands de cette ville de Lyon, qui au-

ront

font acheté vingt ou trente bales de marchandises à Paris pour les conduire en cette Ville, peuuent auec toute liberté les ouurir, & debaler lesdites marchandises par les chemins, & en vendre à tous ceux qui en voudront acheter. Ce qui ne peut ny doit estre fait pour les marchandises estrangeres, les bales dans lesquelles elles sont contenuës ne pouuans estre ouuertes, à peine de confiscation, qu'elles ne soient arriuées dans les Bureaux de ladite Douane. Et la raison de cette difference est, Que lesdites marchandises estrangeres ne sont dans le commerce des hommes, ny en liberté d'estre ouuertes, qu'elles n'ayent acquité les droicts de Douane, au lieu que les marchandises originaires sont franches par tout, & ne doiuent aucun droict de Douane de Lyon, que lors qu'elles entrent dans cettedite ville de Lyon, & lors qu'elles s'arrestent à Ville-franche, Tournus, Mascon, & autres lieux qui sont sur le chemin d'icy à Paris, elles ne doiuent aucun droict de Douane de Lyon : De maniere qu'on ne doit exiger desdites marchandises originaires la mesme rigueur & precaution que pour les estrangeres, autrement il n'y a point de Marchand qui voulust exposer ses

biens

biens & son honneur au hazard de ce qui
se treuueroit dans vne balle, de laquelle le
plus souuent ils n'ont aucune memoire ny
facture, que s'ils en ont, elles sont la pluspart du temps defectueuses; C'est pourquoy soustient ledit Grollier que nostre
susdite Ordonnance doit seulement estre
entenduë des marchandises estrangeres &
non originaires, & ce faisant, que les Marchands ne pouuoient ny deuoient estre
obligez de rapporter le contenu en leurs
balles que pour les marchandises estrangeres, & non pour les originaires. Ce qui bles-
se d'autant moins le Fermier de la Douane
qu'il a la liberté de faire ouurir toutes les
balles quand bon luy semble. Pour ce qui
est de l'ouuerture des balles que les Commis de Maistre Toussaint de la Ruelle ont
fait à Châlon sur Saosne, elle doit estre reprimée par des punitions exemplaires, auec
deffences d'y recidiuer, veu les pertes &
incommoditez qui en arriueroient si elles
estoient tollerées. Pour ce qui est des quatre liures dix sols pour balle de soye entrant
en ce Royaume par autre lieu que par le
pont de Beauuoisin, c'est vne leuée que ledit Fermier fait sans tiltres & sans aucun
fondement, & partant doit estre reprimée

n'y

n'y ayant rien dans fa Tariffe ny dans fon
Bail qui luy en donne le pouuoir. Pour ce
qui eſt des Droicts nouueaux que les Commis dudit Maiſtre Touſſaint de la Ruelle
leuent & exigent ès Bureaux d'Ingrande &
de Torcy, ſur les marchandiſes Eſtrangeres
venans en droiture en cette ville, que leſdits
oppoſans ſoûtiennent que c'eſt vne contrauention formelle aux Arreſts contradictoirement donnez au Conſeil auec les Fermiers des cinq groſſes Fermes de France, la
Doüane de Lyon joincte, és années mil ſix
cens vingt-quatre, vingt-ſept & quarante-
deux, par leſquels il eſt porté par expres
que les marchandiſes Eſtrangeres venans
à droicture en cette ville de Lyon, pour y
payer les droicts de Doüane, ne payeront
aucun droict d'entrée du Royaume, ains
ſeulement prendront Acquit à caution, &
s'obligeront de rapporter dans le temps ordinaire, certification comme elles auront
eſté portées dans cettedite Ville, & y auront payé leſdits droicts de Doüane; Et toutes les fois qu'au prejudice deſdits Arreſts
l'on a exigé quelque choſe deſdites marchandiſes à l'entrée du Royaume, les Acquits dudit payement ont eſtez prins en ce
Bureau de Doüane pour argent comptã; Et
lors

lors qu'il se trouuoit que ce qui auoit esté
payé au Bureau de ladite entree excedoit ce
qui se deuoit payer au Bureau de cettedite
Douane, les commis des Fermiers d'icelle
rendoient le plus aux proprietaires d'icelles
marchandises, ce qui doit encor aujour-
d'huy estre pratiqué à l'endroit des sieurs
Clement & Mohtrozat, pour les marchandises sur lesquelles l'on a prins des droicts
nouueaux à Ingrande & Torcy. C'est à
quoy lesdits Preuost des Marchands & Escheuins concluent. Maistre Iean Dru Procureur de Maistre Toussaint de la Ruelle
Fermier general des cinq grosses Fermes
de France, la Douane de Lyon y joincte,
assisté de Maistre François Pourfour Intendant & Directeur general en icelle: Dit que
sans aucun fondement ny raison valable,
sauf correction, les parties se plaignent de
nostre Ordonnance du vingt-septiesme
Iuin dernier & en demandent la cassation,
d'autant qu'elle a esté tres-juridiquement
renduë, suiuant & conformément aux
Edicts, Ordonnances, Arrests & Reglemens faits par nos Roys sur l'establisse-
ment, ordre, leuée & perception des droicts
de ladite Douane, signamment par l'Edict
de Charles IX. de l'année mil cinq cens
E 4 soixante

soixante six, par lequel article onze il est notamment porté que les Marchands, leurs
facteurs ou ayans charge, seront tenus &
obligez, auant que pouuoir faire l'ouuerture de leurs balles ou caisses, de donner vne
facture ou declaration au vray, contenant
la quantité, qualité, nombre, poids & me-
sures des marchandises qui seront contenuës dans lesdites balles ou caisses, sans
supposer vne marchandise, couleur ny manufacture, ou autre, à peine de confiscation,
amende, & autres peines portées par ledit
Edict. Qu'il demeure d'accord que les susdits Edicts & Ordonnances furent faites
pour raison des marchandises Estrangeres,
d'autant qu'il n'y auoit pour lors, que sur
icelles seulement que les droicts de Doüane fussent establis & leuez; mais que depuis nos Roys ayans vny & incorporé à ladite Doüane le droict de deux & demy
pour cent, qui estoit vn octroy & subuention sur les marchandises originaires &
autres, accordé pour quelques années à la
ville de Lyon; Ils ont entendu en mesme
temps que tous les Edicts, Ordonnances,
Arrests & Reglemens faits pour raison des
anciens droicts de Doüane que l'on appel-
le cinq pour cent, & qui se leuent sur les
                                    marchandises

marchandifes d'Italie, Efpagne & Leuant,
fuffent entierement gardez, obferuez &
executez felon leur rigueur, pour raifon
defdits droicts de deux & demy pour cent,
ainfi qu'il appert par le quatriéme article
du Bail fait audit de la Ruelle. Que les inconueniens que les parties alleguent pouuoir arriuer font chimeriques, & ne peuuent feruir qu'a ceux qui ont deffein de
frauder les droicts du Roy ; car pour ceux
qui procedent ingenuëment, ils n'ont jamais fait aucune difficulté de donner leurs
factures & declarations au vray, en quoy
ils reçoiuent baucoup de foulagement ;
d'autant qu'apres la verification faite d'vne
partie de leurs bales ou caiffes, & ayant
treuué les marchandifes contenues en icelles conformes à leurs factures, l'on fe con-
tente de faire acquiter l'autre partie fur les
declarations fans en faire aucune ouuerture ; Que c'eft vne mauuaife raifon d'alleguer que les precedents Fermiers, leurs
Directeurs ou Commis, n'en ont pas ainfi
vfé, car leur indulgence ne peut porter aucun prejudice aux droicts du Roy, ny pre-
fcription aux Edicts, Ordonnances & Reglemens faits pour la leuée d'iceux, Que la
pretendue Sentence alleguée par Faure, ou-

tre qu'elle n'a esté renduë, en pareil cas
que celuy dont est question, ne leur peut
non plus seruir, d'aurant qu'il est permis
audit de la Ruelle par le quarante-vniesme
article de son Bail, de se pouruoir contre
tous Iugemens rendus du temps des precedens Fermiers, lesquels peuuent auoir
esté obtenus par surprise, collusion & in-
telligence, & le plus souuent faute de se
bien defendre. Quant au second chef de
leur demande, dit que le Bureau de Chaf-
lon sur Saosne est dépendant de la Bour-
gongne, Prouince où les Traites Foraines
sont establies, & qui n'a rien de commun
auec la Doüane de Lyon, estans les droicts
qui se leuent en icelle tous differens; &
ayant les Maistres des Ports & leurs Lieutenant pour Iuges naturels desdittes Traites, pardeuant lesquels lesdites parties se
peuuent pouruoir s'ils pretendent que les
Commis dudit Bureau de Chaslon ayent
fait quelque chose à leur prejudice, &
neantmoins dira en passant, pour leur iustifi-
cation & sans tirer à consequence, que lesdits Commis ne font simplement que le
deub de leurs charges, en obligeant les
Marchands & Voituriers de faire declaration au vray, de la quantité & qualité des
marchandises

marchandifes qu'ils veulent tranfporter,
& du lieu où ils les veulent conduire, & de
prendre acquit à caution, portant promeffe
& obligation de rapporter certificat de la
defcharge defdites marchandifes, fuiuant
& conformement aux Edicts & Ordonnances faites fur lefdittes Traites Foraines,
confirmées par plufieurs Arrefts du Confeil, & particulierement par celuy du huictiéme Iuin de l'année mil fix cens trente
neuf, qui porte nommément, que tous
les Marchands & Voicturiers qui feront
charger des marchandifes pour eftre tranf-
portées dans le Royaume, aux lieux où il
y a Bureaux eftablis pour la leuée des
droicts du Roy, feront tenus & obligez
de prendre acquit à caution des Commis aux Bureaux où fe feront les charge-
mens, à peine de confifcation defdites marchandifes, Et ainfi, qu'il y a grande apparence de croire, que fi lefdits Commis de
Châlon ont fait débaler quelques marchandifes, ç'a efté pour n'auoir pas les Voicturiers fçeu ou voulu faire leur declaration, & pour empefcher, qu'ils ne leur ar-
riuaft inconuenient faute d'eftre porteurs
d'acquits à caution, en tranfportant leurs
marchandifes d'vne Prouince à autre, ainfi
qu'ils

qu'ils y font tenus & obligez. Pour le trol-
fiefme chef, par lequel les parties fe pleig-
nent qu'on leur a fait payer des droicts nouueaux aux Bureaux de Torcy & d'Ingrande, outre les droicts ordinaires d'entrée
audit Bureau d'Ingrande : Refpond, que
quant aux droicts nouueaux ils ne font pas
de fa connoiffance, ce font peut eftre
droicts qu'il a pleu à Sa Majefté eftablir
fimplement pour la neceffité de fes affaires, ou par octroy & gratification à des
Villes & lieux particuliers, ou pour com-
penfer la fuppreffion d'autres droicts, ainfi qu'il fe pratique en cette ville de Lyon au
moyen de la Subuention eftablie fur toutes fortes de marchandifes, & leuée par
lefdits Sieurs Preuoft des Marchands &
Efcheuins d'icelle)Et ainfi les fufdits droicts
nouueaux ne faifans point partie du Bail
des cinq groffes Fermes,& la leuée d'iceux
n'en eftant faite par ledit de la Ruelle & fes
Commis, que par ordre de Noffeigneurs
du Confeil, & pour conter à Sa Majefté des
deniers qui en feront receus, il n'y a aucun
fujet d'en faire plainte contre luy, ny d'en
demander la reftitution ou compenfation,
non plus que du droict ordinaire d'entrée
qui fe paye audit Bureau d'Ingrande, qui
est

eſt vne Ferme particuliere, & qui a toûjours
eu ſes Fermiers particuliers, ſinon depuis
qu'elle a eſté jointe & vnie au Bail des cinq
groſſes Fermes ; Mais cette vnion ne porte
pas ſuppreſſion de droicts, & ne peut em-
peſcher que les vns & les autres ne ſoient
leuez ſeparément, ſçauoir, le droict particulier d'entrée à Ingrande, & les droicts de
Doüane à Lyon, leſquels n'ont rien de commun enſemble, puis meſmes que ledit de la
Ruelle payé le prix de l'vne & de l'autre
Ferme à Sa Majeſté. Et par tous ces moyens
il ſe voit, qu'il n'y a aucune apparence aux
demandes portées par la requeſte des Demandeurs, deſquelles ils doiuent eſtre de-
boutez auec deſpens, & quant à leurs remonſtrances & demande verbale non contenuës en leur requeſte, il n'eſt point obligé
d'y reſpondre, & lors quils ſe pouruoiront par les formes ordinaires, il y reſpon-
dra ce que de raiſon. Et au regard de l'interuention des Sieurs Preuoſt des Marchands & Eſcheuins de cette Ville, ils
ſont notoirement non receuables & mal
fondez en icelle, pour les raiſons ſuſdites
qu'il employe contr'eux, & pour n'eſtre
Parties legitimes, pour conteſter & debat-
tre les droicts de Sa Majeſté, & les Edicts,
Ordonnances,

Ordonnances, Arrests, Reglemens & Iugemens rendus pour raison d'iceux, lesquels ils doiuent pluftot fauorifer, y eftans
obligez tant par leur qualité, que parce
qu'ils font Fermiers de Sadite Majefté de
la Ferme du tiers furtaux qui fe leue fur le
principal de ladite Doüane, & de la Subuention par eux eftablie & leuée fur toutes
fortes de marchandifes entrans & paffans
par cette Ville, des fins de laquelle interuention le Deffendeur doit eftre renuoyé
abfous auec defpens: Surquoy, eft veu la
Requefte par lefdits Demandeurs à nous
préfentée le vingt-vniéme du prefent, fignée defdits Demandeurs & dudit Favre
leur Procureur, au bas de laquelle eft noftre Ordonnance dudit jour, & l'Exploict
d'affignation fur icelle baillé audit fieur de
la Ruelle, en parlant audit fieur Pourfour
en datte du vingt-deuxiéme dudit prefent
mois d'Octobre, pour comparoit au Lundy prochain, figné Voifin, Huiffier Audiancier en la Senefchauffée & Siege Prefidial de Lyon, Extraict de noftre Sentence
du vingt-feptiéme Iuin dernier, par laquelle a efté dit, en confequence de l'Article
onziéme de l'Ordonnance de Sa Majefté,
qu'il eft enjoint à toùs Marchands & leurs
facteurs,

facteurs, qui enuoyeront des marchandiſes
en ladite ville de Lyon pour acquiter les
droicts en ladite Douane , d'apporter vn
memoire ou facture ſigné de celuy auquel
appartiendra ladite marchandiſe, contenant
au vray tout ce qui ſera contenu aux Balles, Tonneaux, Caiſſes, Males & Pacquets
qu'ils auront à faire gabeller, auec deffences de contreuenir à noſtre preſente Ordonnance, ſur les peines portées par leſdites Ordonnances, laquelle afin que perſonne n'en pretende cauſe d'ignorance ſeroit
leuë, publiée & affichée par tout où beſoin
ſeroit ; ſurſeoiroit neantmoins l'execution
d'icelles de trois mois , à compter du jour
de la publication, & paſſé outre nonobſtant
oppoſitions ou appellations quelconques &
ſans prejudice d'icelles, ſigné par collation
Perrot Commis Greffier ; Acte de ſommation faite par ſieur Iacques Delfoſſe
marchand demeurant à Sedan, faiſant pour
le ſieur Antoine Montrozat marchand de
cette Ville, à Maiſtre Pierre Brandon Receueur pour le Roy, & à Maiſtre Marc Vi-
riſſel Controolleur au Bureau de Traite
eſtably à Toroy, de luy bailler acquit à caution , qu'il eſtoit preſt de bailler , de faire
conduire, deſcharger, & payer en la Doüa-

ne de Lyon, les droicts deubs au Roy pour
balot contenant trente spiéces de toille de
Courtray, vne piéce Nappe de Flandre,
quatre piéces Serûietes numero feptente-
fept & marqué ... ... qu'il faifoit venir
de Flandre pour aller directement defcharger à ladite Douane de Lyon, contenant
la refponce par eux faite qu'il leur eftoit
enjoint par le Directeur general des cinq
groffes Fermes de France en la prouince
de Champagne, de faire payer les nouueaux droicts d'entrée des marchandifes
enoncées au nouueau Tarif, qui font de
cinq fols fur piece de Toile de quinze auf-
nes chacune, fuiuant la Declaration du
Roy, portant que ladite augmentation feroit payée par toutes perfonnes, mefmes
pour l'yfage & prouifion des armées de Sa
Majefté, nonobftant tout priuilege, à peine
de confifcation defdites marchandifes, partant ils ne pouuoient ny ne deubent rien
laiffer paffer fans payer ces nouueaux droits,
& qu'ils ne pouuoient donner acquits qu'en
payant iceux audit Bureau, lefquels ledit
Delfoffe comme contraint auroit payé,
pour euiter au fraiz & arreft defdites marchandifes, dequoy luy auroit efté baillé
acte par Soblet Notaire dudit lieu, le dix-
septiéme

septiéme du mois d'Aouſt dernier, certificat du Commis audit Bureau de Torcy en
Champagne, comme ledit ſieur Montrozat auoit payé pour leſdites marchandiſes
la ſomme de 23. liures, pour le nouueau
droict d'entrée, ſuiuant la Declaration du
Roy du quinziéme Iuin dernier, & promet
de repreſenter icelles au Bureau du lieu de
la deſcharge, pour eſtre veües, viſitées, &
pezées, ſi beſoin eſtoit, & reconnoiſtre ſi
elles eſtoient de la qualité, quantité, &
poids ſuſdit, ſans aucune ſuppoſition ou
deſguiſement, ſur peine de confiſcation, ledit certifiat en datte du dix-huictiéme jour
dudit mois d'Aouſt dernier, ſigné Brandon
& Vaſſol, Autre acte de ſommation faite à
la requeſte de ſieur Claude Proſt marchand
de cette Ville, à Maiſtre François Pourfour
Intendant en la Doüane de cette Ville, d'ordonner à ſes Commis de reconnoiſtre le
contenu au Balot de marchandiſe à luy
apartenant, & qui auoit eſté conſigné au
Bureau de ladite Doüane vers Saint Vincent, & luy donner billet pour acquiter les
droicts qu'il deuoit, à faute de quoy il pro-
teſtoit de faire ſa plainte, & de s'en pouruoir par les voyes de droict, auec tous deſpens, dommages & intereſts; contenant la
F   reſponce

responce faite par ledit sieur Pourfour, qu'il
estoit prest de luy faire déliurer sa marchandise, en luy donnant prealablement par ledit sieur Prost sa facture, ou vne declaration au vray signée de luy, contenant la
qualité, quantité, nombre, poids & mesu-
re des choses contenuës dans ledit Balot,
suiuant & conformément aux Ordonnances du Roy & à nostre Ordonnance du
vingt-septiéme Iuin dernier, ledit acte en
datte du douziéme du present mois d'O-
ctobre, signé Favard Notaire Royal. Extraict
collationné, d'vn certificat fait par les Officiers & Commis des Traites, & imposi-
tions Foraines, & droicts d'entrée de France au Bureau d'Ingrande, que Sebastien
Cellier Voicturier par Eau, demeurant à
Orleans, faisant pour le sieur de la Rousi-
niere, auoit acquité audit Bureau lesdits
droict d'entrée de France, huict cens liures
pesant de bas d'Estame, en cent cinquante vne douzaine de paires, qu'il auoit passé
par ledit Bureau d'Ingrande pour voicturer à Lyon, estant pour le compte du sieur
Clement Marchand à Lyon, & pour iceux
payé, à raison de dix sols pour douzaine
de paire, la somme de soixante quinze liures pour la suppression des Conseruateurs,
de

le la somme de sept liures onze sols six deniers pour nouuelle augmentation d'entrée, de mil six cens quarante quatre, à rai-
on de deux sols pour douzaine de paire,
quinze liures trois sols, & outre ce pour les
droicts du trepas de Loire, anciennes &
nouuelles Reapreciations & augmenta-
ions dicelles, Clouaison d'Angers, faict de
marchandises, Suppression de Conserua-
eur des droicts du Fermier, six deniers nouueaux, & signature des Officiers vingt-trois
liures dix sols six deniers, ledit Extraict signé, Leuasseur & Rabiot Notaires de la
Baronnie d'Ingrande en datte du neufviéme Aoust dernier. Acte de sommation faite par sieur Pierre Clement marchand de
cette Ville audit sieur Pourfour, de luy faire deliurer lesdites cent cinquante douzaines paires bas d'Estame en vn tonneau,
francs & quittes du droict de ladite Douane, attendu qu'il auoit esté payé au Bureau
d'Ingrande comme apparoissoit par le susdit certificat, ledit acte contenant la responce faite par ledit sieur Pourfour, qu'il
estoit prest de luy faire rendre lesdites paires bas en payant les droicts de Doüane, lesquels estoient autres que ceux payez à l'entrée d'Ingrande, n'ayans rien de commun
F 2   entr'eux.

entr'eux, en datte du douziéme du present
mois d'Octobre, signé Favard Notaire Royal. Autre certificat fait par Merlat & Gaul-
tier Commis au Bureau general de la
Douane de cette Ville ledit jour douziéme
Octobre, que ledit sieur Clement auoit retiré cent cinquante douzaines bas d'Estame en vn Tonneau, & payé pour les droicts
de Douane & Reapreciation la somme de
soixante quinze liures, Extraict de nostre
Sentence prononcée le sixiéme Nouembre
mil six cens trente-sept, renduë entre Maistre Noël Depars precedent Fermier géne-
ral des cinq grosses Fermes de France, la
Douane de Lyon y comprise, demandeur,
& sieur Iean Sorbier marchand audit Lyon
deffendeur, par laquelle a esté dit que
main-leuée est faite audit deffendeur des
marchandises sur luy saisies, en payant les
droicts anciens & noueaux si fait n'auoit
esté, & enjoint au Fermier de remettre au
Greffe de nostre Iurisdiction, les verbaux
des saisies qu'ils feront cy-apres, dans
vingt-quatre heures apres qu'elles auront
esté faites, à peine de nullité, & passé outre
nonobstant oppositions ou appellations
quelconques & sans prejudice d'icelles, signé Blache Greffier, & ouy Maistre Pierre
Boullioud

Boullioud Mermet Aduocat du Roy pour
e Procureur, dudit Seigneur ; IL EST
DIT, qu'acte est octroyé aux Demandeurs
le leur opposition & interuention des
ieurs Preuost des Marchands & Escheuins
le cette Ville, Ordonne que sur icelle les
parties se retireront au Roy & à Nosseigneurs de son Conseil , pour leur estre
pourueu sous le bon plaisir de Sa Majesté,
& cependant que nostre Ordonnance du
vingt-septiéme Iuin dernier sera executée
selon sa forme & teneur, & sur les autres
deux chefs de ladite Requeste, que les parties se pouruoiront ainsi & pardeuant qui
ils verront bon estre, & passé outre à l'exe-
ution de nostre present Iugement, non-
bstant oppositions ou appellations quel-
onques & sans prejudice d'icelles, Signé
Dugué President, Pianello Conseiller du
Roy & Tresoriers generaux de France au
Bureau des Finances estably à Lyon, Lan-
lois Conseiller du Roy, Lieutenant Parti-
ulier, Assesseur Criminel en la Seneschauf-
ée & Siege Presidial de Lyon, Croppet
Conseiller du Roy en la maistrise de Ports,
Ponts & passages, Boullioud Mermet, &
orin Aduocat & Procureur du Roy.

Espices gratis.

E 3   Prononcé

Prononce à Maistre Faure l'aisné
Procureur desdits sieurs Demandeurs, à
Maistre Grollier Aduocat & Procureur general desdits sieurs Interuenans, & à Maistre Dru Procureur dudit sieur Fermier
Defendeur, parlant à leurs personnes. Acte
le Lundy vingt-quatriéme Octobre mil six
cens quarante quatre.

Extraict collationné.

PERROT.

ORDONNANCE

ORDONNANCE DES IVGES

de la Doüane de Lyons Par laquelle les Marchands font obligez de prefenter les factures ou declarations, des marchandifes qu'ils voudront retirer & acquiter, auant l'ouuerture des bales, caiffes, tonneaux, fardeaux, & autres.

L ES IVGES & Commiffaires deputez par fa Majefté pour la Doüane de Lyon ; Sçauoir faifons, Que fur la Requefte à Nous ce jourd'huy 27. Iuin mil fix cens quarante quatre, prefentée par Maiftre Touffainct de la Ruelle Fermier general des cinq groffes Fermes de France, Doüane de Lyon, & autres Fermes jointes & vnies à fon Bail, Expofitiue, Qu'a caufe de l'indulgence apportée par les precedens Fermiers ou leurs Commis, à faire obferuer les Edicts, Ordonnances & Declarations de nos Roys fur le faict de ladite Doüane, les Marchands, Conducteurs & Voicturiers ne tiennent plus aucun conte

F 4   de

de faire leurs declarations de la quantité
& qualité de leurs marchandiſes lors qu'ils
les font entrer en ladite ville de Lyon,
ſoit aux Bureaux eſtablis aux Chaines de
Veize & d'Eſnay, & aux Portes de ladite
Ville, ny de monſtrer & exhiber aux Commis dudit Supliant les factures, memoires
& declarations pár le menu & au vray, des
marchandiſes contenuës dans leurs Bales,
Balots, Caiſſes, Tonneaux, Fardeaux &
Pacquiets, lors qu'ils les veulent retirer des
Bureaux de ladite Doüane, ainſi qu'ils y
ſont tenus & obligez; En quoy ledit Supliant ſouffre vn notable intereſt, d'autant
que ſes Commis ne peuuent ſçauoir ny
conhoiſtre la quantité deſdites marchandiſes, ny la qualité & nature de chacune
d'icelles, que par le moyen deſdites factures
ou declarations au vray, faute deſquelles
la pluſpart des droicts ſe peuuent perdre,
outre que cela apporte grand deſordre &
confuſion, principalement durant le temps
des Foires, lequel s'il continuoit, outre la
perte que le Fermier en ſouffriroit en ſes
droicts, c'eſt que les ſuſdits Edicts & Ordonnances faites auec ſi grande connoiſſance de cauſe lors de l'eſtabliſſement de ladite
Doüane & du depuis, pour la conſeruation
des

des droicts du Roy, demeureroient inutiles
& infructueuses aux Fermiers. Concluant
à ce qu'attendu qu'il Nous appert de ce que
deſſus par l'Extrait deſdites Ordonnances,
par leſquelles il eſt nommément porté que
les Voicturiers & Conducteurs ſeront obligez, entrans dans ladite ville de Lyon, de
faire declaration au vray entre les mains
des Commis aux Portes & Chaines de ladite Ville, du nombre des Bales, Balots,
Pacquets, Caiſſes, Tonneaux, & autres,
& de la quantité & qualité des marchandiſes contenuës en icelles, & que les Marchands, leurs Facteurs ou Commis ſeront
obligez, auant que pouuoir retirer leurs marchandiſes, d'apporter vn memoire ou facture au vray, ou vne declaration ſignée
de leur main, de la quantité, nombre,
poids, & meſure des marchandiſes qui
ſeront contenuës eſdites Bales, Caiſſes, ou
autres, & de la qualité & nature d'icelles,
ſans ſuppoſer vne marchandiſe, couleur ny
manufacture à autre, à peine de confiſcation deſdites marchandiſes, & que par
le Bail fait audit Supliant il eſt nommément
porté, Que la rigueur des Edicts, Ordonnances, Declarations & Arreſts donnez
pour raiſon des Cinq pour cent en ladite

F 5   Douane

Doüane, feront gardez & obferuez pour
les droicts de quatre & deux & demy pour
cent, & que ceux qui feront treuuez en
fraude feront priuez par les peines portées
par icelles; I L Nous pleuft ordonner que
d'ores en auant les Marchands, Conducteurs & Voicturiers qui feront entrer des
marchandifes en ladite ville de Lyon, de
quelque Ville, pays, & Prouinces qu'elles
foient, feront obligez de faire declaration
entre les mains des Commis eftablis pour
ladite Doüane, aux Portes ou aux Chaines de ladite Ville, du nombre des Bales,
Balots, Pacquets, Caiffes, Tonneaux, Males,
Fardeaux ou autres, de la quantité & qualité
des marchandifes qui feront contenuës en
icelles, & des noms & furnoms des Marchands à qui elles appartiendront. Et que
lors que lefdits Marchands, leurs Facteurs
ou Commis, voudront retirer de ladite
Doüane lefdites Bales, Balots, Pacquets,
Fardeaux, ou autres, ils feront particulierement tenus & obligez de reprefenter
aux Commis de ladite Doüane, vn memoire, facture & declaration au vray, fignée d'eux, de la quantité, nombre, poids &
mefure des marchandifes qui feront contenuës aufdites Bales, & de la nature &
qualité

qualité d'icelles , fans aucune fuppofition
ny deguifement , aux peines d'eftre procedé contre eux fuiuant la rigueur defdites Ordonnances ; Et que noftre Ordonnance foit leuë , publiée & affichée par
tout où befoin fera, afin que perfonne n'en
pretende caufe d'ignorance , & executée
nonobftant oppofitions ou appellatiõs quelconques. Svr Qvoy, & veu l'Extraict
defdites Ordonnances , enfemble le Bail
fait par fa Majefté au profit dudit de la
Ruelle, Conclufions des Gens du Roy; Et
tout confideré. Il est dit, en confequence de l'article onziéme de l'Ordonnance de fa Majefté , qu'il eft enjoint à tous
Marchands, leurs Facteurs, qui enuoyeront
des marchandifes en ladite ville de Lyon
pour acquiter les droicts en ladite Doüane,
d'apporter vn memoire ou facture figné
de celuy auquel appartiendra ladite marchandife,contenant au vray tout ce qui fera
contenu aux Balles, Tonneaux, Caiffes,
Males & Pacquets qu'ils auront à faire gabeller,auec défences de contreuenir à noftre prefente Ordonnance, fur les peines
portées par lefdites Ordonnances; Laquelle, afin que perfonne n'en pretende caufe
d'ignorance , fera leuë, publiée & affichée
par

par tout où beſoin ſera, Surſoira neantmoins
l'execution dicelle de trois mois, à compter du jour de la publication, & paſſé outre nonobſtant oppoſitions ou appellations
quelconques, & ſans prejudice d'icelles.
Signé, Dugué Preſident, Charrier, Conſeillers du Roy, Treſoriers generaux de
France au Bureau des Finances eſtably à
Lyon, Séue Conſeiller du Roy, Preſident,
Lieutenant General en la Seneſchauſſée &
Siege Preſidial de Lyon, Croppet Conſeiller du Roy en la Maiſtriſe des Ports, Boullioud Mermet, & Lorin Aduocat & Procureur du Roy.

Signé, & Collationné par moy Greffier,

PERROT.

L'Ordonnance cy deſſus a eſté leüe & pu-
bliée à haute & intelligible voix, cry pu-
blic & ſon de trompe: Sçauoir, au deuant de
la grand porte du Palais Royal Auditoire de
la Iuſtice de la ville de Lyon, à la place de
la grand Doüane, à la place des Changes &
de l'Herberie, ruë de l'Enfant qui piſſe, ruë
Merciere & de la Mort qui trompe, place
de Confort & des Terreaux, ruë de la Lan-
terne, ruë de la Grenette, ruë de l'Hoſpital,
Puy

Puy Pelus, au Plastre Saint Esprit, ruë Lon-
gue, & autres lieux & carrefours accoustumez à faire cris & proclamations en la ville
de Lyon; & à cet effect prins & appellé auec
moy Maistre Benoist Recordõ Archer & Trompette ordinaire de ladite Ville de Lyon, aux
fins qu'il vienne à la notice d'vn chacun, &
que personne n'en pretende cause d'ignorance,
& à chacun desdits lieux & endroits a esté
mis & affiché copie de la susdite Ordonnance & exploict de publication au bas, par moy
Huissier au Bureau des Finances à Lyon soussigné, le neufviéme Iuillet mil six cens quarante quatre, & à luy Maistre Recordon soussigné.

PONCET,

RECORDON.

Sentence des Iuges de la Doüane de
Lyon du 20. Aouſt 1652. par laquelle
le nommé la Tour dit Matte eſt con-
demné en deux cens liures d'amende,
& aux deſpens des procedures, pour
auoir contreuenu aux Edicts & Or-
donnances de ſa Majeſté pour le faict
des Doüanes.

Es Iuges eſtablis par Edict de ſa Majeſté pour la Doüane de Lyon, ` Sçauoir faiſons; Qu'au procés extraordinaire-ment pourſuiuy pardeuant Novs: entre Mᵉ Touſſaint de la Ruelle cy deuant Fermier des cinq Groſſes Fermes de France, la Doüane de Lyon y compriſe, demandeur & accuſateur; Et Pierre la Tour dit Matte marchand du lieu de Vernon de Ioyeuſe en Viuaretz, deffendeur & accuſé. Vev par Nous la Requeſte à nous preſentée par ledit de la Ruelle, expo-ſitiue, que puis peu il auroit apris que le-dit la Tour, negociant en ſoye, auoit com-mis pluſieurs contrauentions aux Edicts &

G   Ordon

1652. Ordonnances de sa Majesté en fraude de ses droicts de Doüane, ayant fait conduire plusieurs bales de soye prinses à Beaucaire, Baignol, ou autres Villes de Prouence, Languedoc & Viuaretz, dans les lieux de Sainct Estienne & Sainct Chamond nuictamment, par des voyes oblicques, sans auoir consigné & fait consigner és Bureaux pour ce establis à Ville-neufve & autres endroits, conduit ny fait conduire lesdites soyes au Bureau de la Doüane de cette Ville, pour y payer & acquiter les droicts d'icelle deubs à sa Majesté, mesme en Septembre de l'année mil six cens quarante-sept seize bales soye, qui furent prinses dans la ville de Beaucaire, & conduites par les mulets d'vn nommé Priua, & furent entreposées en la ville de Vent en Viuaretz, au Logis où pendoit pour enseigne Nostre Dame, auquel lieu le nommé Louys Martin Marchand de Sainct Chamond, enuoya Estienne Fourna, Voicturier de Sainct Iullien ou de sainct Chamond, pour les prendre & les conduire en la ville de Sainct Chamond, comme il fit, apres que ledit la Tour les luy eust remis & fait accord de la voicture, comme aussi que partie desdites seize bales de soye luy appartenoient, du
moins

moins deux bales qu'il y auoit pour son
cōpte. Qu'il traitta auec ledit Fourna, qu'en
cas que ladite soye fust prinse par les Commis de la Doüane, & confisquée, que la perte seroit à moitié, & que où lesdites marchandises seroient voicturées sans risques
audit Sainct Chamond, que le profit des
droicts de Doüane seroit partagé, ensemble de la vente desdites soyes. Qu'en suite
dudit traitté, lesdites bales soyes estans arriuées audit lieu de Sainct Chamond sans
auoir esté arrestées ny saisies, ledit la Tour
baillat ladite moitié du profit audit Fourna ; Qu'ils vindrent coucher dudit lieu de
Vent à Croze-mouton, en vne maison
proche Saincte Sigoulaine, appartenant à
Monsieur de Boucherolles en Velley proche sainct Didier. Qu'vn Muletier du Viuaretz, que lesdits la Tour & Fourna
auoient prins pour leur ayder à faire ladite
Voiture auec trois mulets, ne voulut jamais
passer outre ledit lieu de Croze-mouton,
quelque asseurance que ledit la Tour luy
fit, qu'en cas qu'il fust rencontré par les
Gardes de la Doüane, il payeroit ses mulets. Qu'estat audit lieu de Croze-mouton,
vn des mulets dudit la Tour s'estant treuué
encloüé, il l'enuoya à Sainct Didier chez vn

1652. Marchand sien amy nommé Claude Des-hommes, où ledit mulet demeura trois se-maines. Que ledit la Tour, ayant laissé sa Voiture audit lieu de Croze-mouton, s'en allat à Sainct Chamond, pour aduertir les Marchands ausquels appartenoit la mar-chandise, pour auoir des Voituriers pour conduire ladite soye audit lieu de Sainct Chamond. Qu'estant audit lieu de Sainct Chamond, il fist marché de ladite con-duite auec Iacques Fontanel dit Gamard à vingt liures par charge Qu'estant re-tourné dudit Sainct Chamo d audit lieu de Croze-mouton, il renc tra douze autres bales soyes venans d Saignol, ap-partenans à Iean Baptiste & ntoir Gayot freres, conduites par Pierre M un de Sainte Sigoulaine ; Que tant lesdites seize bales, que douze treuuées audit lieu de Croze-mouton, furent conduites & voic-turées nuictamment en vne Grange proche S. Chamond appartenant au nommé Iolly, escortées de quarante personnes tant à pied qu'à cheual, armés de pistolets & autres armes prohibées par l'Ordonnance ; Re-queroit que ledit Matte, lors en cette Ville, fut amené pied à pied pour respondre sur le tout, circonstances & dependances, pour

ce

ce fait prendre par luy telles fins & conclufions qu'il verroit eftre à faire par raifon,
ladite Requefte fignée de Dru fon Procureur, au bas de laquelle eft l'Ordonnance
de Monfieur Mᵉ Pierre de Seue, l'vn de
Nous, conforme à ladite requifition, en
datte du dix-huictiéme Decembre mil fix
cens cinquante vn, fignée par Extrait de
noftre Greffier. Les refponces perfonnelles dudit Pierre la Tour, faites pardeuant
ledit fieur de Seue ledit jour dix-huictiéme
Decembre, au bas defquelles eft fon Ordonnance renduë fur la requifition de
Tournus Clerc principal dudit Dru, portāt
acte defdites refponces, & que par faute de
bailler par ledit la Tour bonne & fuffifante
caution, conftituer Procureur, & eflire domicile en cette Ville, il feroit arrefté prifon-
nier, & ce nonobftant oppofitions ou appellations quelconques, & fans prejudice
d'icelles. L'Acte d'eflection de domicile
faite par ledit la Tour, en execution de la
fufdite Ordonnance, en la maifon & perfonne de M Claude Defverneys Procureur
és Cours de Lyon ; lequel, lors prefent, il
faifoit & conftituoit fon Procureur, en datte du lendemain dix-neufviéme dudit mois
de Decembre. Autre Ordonnance dudit

1652. fieur de Seue,du mefme jour,renduë fur les remonftrances & requifition dudit Def-verneys Procureur dudit la Tour, portant que dans le lendemain dix heures de ma-tin, ledit de la Ruelle delibereroit aux ref-ponces perfonnelles dudit la Tour, autre-ment pourueu & paffé outre, nonobftant oppofitions ou appellations quelconques, & fans prejudice d'icelles ; laditte Ordon-nance fignifiée audit Dru Procureur dudit de la Ruelle le mefme jour. Autre Ordon-nance dudit fieur de Seue, portant permif-fion audit de la Ruelle de faire informer du contenu en ladite plainte , ce qu'il feroit dans le mois ; Et que cependant ledit la Tour feroit eflargy defdites prifons, en baillant par luy caution de la fomme de cinq cens liures , & promettant de fe re-prefenter à toutes affignations faites au domicile par luy efleu, à peine de conuain-cu, & qu'il feroit paffé outre nonobftant oppofitions ou appellations quelconques, & fans prejudice d'icelles, Et l'Acte de cau-tionnement fait par ledit Mᵉ Defvernéys, de la perfonne dudit la Tour pour l'eflar-giffement de fa perfonne, de le reprefen-ter,ou payer le jugé jufques à la fomme de cinq cens liures , & Ordonnance en fuitte

que

que ledit la Tour feroit eſlargy deſdites 1652.
priſons, Et pour faire ſon relaſche, commis noſtre dit Greffier, & qu'il ſeroit paſſé
outre nonobſtant oppoſitions ou appellations quelconques, & ſans prejudice d'icelles, en datte du vingtiéme dudit mois de
Decembre, ſignée de noſtredit Greffier.
L'Information faite pardeuant ledit ſieur
de Seue à la Requeſte dudit de la Ruelle,
compoſée de quatre teſmoins, en datte du
vingtiéme Ianuier mil ſix cens cinquante
deux, au bas de laquelle eſt l'Ordonnance
dudit ſieur de Seue, rendüe ſur la requiſition dudit Dru Procureur dudit de la
Ruelle, portant que les teſmoins ouys en
ladite Information, ſeroient adjournez à
comparoir pardeuant luy à jour & heure
certaine, pour eſtre recolez à leurs depoſitions, & confrontez audit Pierre la Tour,
comme auſſi ledit la Tour, au domicile par
luy eſleu, pour comparoir à meſme jour &
heure que leſdits teſmoins, pour ſouffrir
ladite confrontation, autrement & à faute
de ce faire audit jour & heure, que le recol
qui ſeroit fait deſdits teſmoins, à leur depoſition, tiendroit lieu de ſuffizante confrontation à ſa contumace, & ce nonobſtant
oppo   ꝗ ou appellations quelconques,

G 4   &

1652. & sans prejudice d'icelles, laditte Ordonnance du huictiéme Iuin audit an mil six cens cinquante deux, le tout signé par collation de nostre dit Greffier. Autre Ordonnance dudit sieur de Seue, rendüe sur la requisition de Me Delverneys Procureur, & assisté dudit Pierre la Tour, à ce qu'attendu que ledit de la Ruelle n'auoit satisfait à nos precedentes Ordonnances, qu'il fut renuoyé absous des fins & conclusions contre luy prises, auec despens, dommages & interests, & que où nous ne voudrions prononcer sur son absolution, qu'il fut ordonné que ledit de la Ruelle feroit comme deuant, mettre le procés en estat dans trois jours, autrement, & à faute de ce, qu'il seroit pourueu, & acte des protestations qu'il faisoit pour ledit la Tour, de tous ses despens, dommages & interests, & fraiz de son sejour, laditte Ordonnance portant acte desdittes remontrances, requisitions & protestations; ensemble de la presence dudit la Tour, & de l'affirmation par luy faite d'estre venu expres en cette Ville, & que ledit de la Ruelle feroit mettre en estat laditte procedure dans trois semaines pour toutes prefixions & delays, autremét pourueu, & qu'il seroit passé outre nonobstant

opposi

oppofitions ou appellations quelconques, **1652.**
& fans prejudice d'icelles,en datte du quinziéme du mois de May audit an , au bas de
laquelle eft autre Ordonnance dudit Sieur
de Seue,renduë fur la requifition dudit Mᵉ
Defverneys Procureur , & affifté dudit
Pierre la Tour, à ce que ledit fieur de la
Ruelle fût deflors forclos d'inftruire fadite
pretenduë contrauention,& en confequence , que ledit la Tour fut renuoyé abfous,
auec defpens,dommages & interefts,& où
on ne le voudroit deflors vuyder diffiniti-
uemêt, que la cautiõ par luy baillée iufques
à la fomme de cinq cens liures, laquelle il
auoit confignée, fut defchargée, affin qu'il
peut joüir de fon bien,& ce nonobftant oppofitions ou appellations quelconques,&
fans prejudice d'icelles, apres l'affirmation
que ledit la Tour eftoit preft de faire d'eftre
venu expres en cette Ville,& fous les proteftations qu'il faifoit des fraiz de fon
fejour , laditte Ordonnance portant acte
defdittes remonftrances,& de l'affirmation
faite par ledit la Tour d'eftre venu expres
en cette Ville, & que comme deuant, dans
le Lundy lors fuiuant, ledit de la Ruelle
mettroit en eftat ledit procés , autrement
qu'il feroit pourueu au premier Bureau fur

1652. la requifition dudit Defverneys, & qu'il
feroit paffé outre nonobftant oppofitions
ou appellations quelconques,& fans prejudice d'icelles, laditte Ordonnance en datte
du feptiefme dudit mois de Iuin dernier,
fignifiée audit Me Dru Procureur dudit
de la Ruelle le mefme jour, en parlant à fa
perfonne., le tout figné de noftre Greffier.
La Commiffion audit de la Ruelle, defliurée en fuitte de la fufditte Ordonnance,
du huictiéme Iuin, aux fins de faire affigner
les tefmoins ouys en fon Information, pour
eftre recolez en leurs depofitions, & confrontez audit la Tour; comme auffi ledit la
Tour à mefme jour, lieu & heure, pour
fouffrir ladite confrontation, en datte dudit
jour huictiefme Iuin mil fix cens cinquante
deux, au bas de laquelle eft l'Exploit d'affignation baillée aufdits tefmoins par Gletain Sergent Royal, en datte du dixiefme
dudit mois de Iuin. Autre Commiffion audit de la Ruelle defliurée à mefmes fins, au
bas de laquelle eft l'Exploit d'affignation
baillée audit Pierre la Tour aux fins de fouffrir ladite confrontatiõ, par Poncet Huiffier
au Bureau des Finances à Lyon, ledit jour
huictiefme Iuin mil fix cens cinquäte deux,
& ce en parlant à Bureteau Clerc principal
dudit

ludit Me Defverneys layné, treuué au do- 1652

nicille dudit Me Defverneys, en la mai-

on & perfonne duquel ledit la Tour auoit

fleu fon domicille. Le Recol fait des tef-

noins ouys en la fufditte information

ardeuant ledit fieur de Seue, fur la requifi-

ion de Tournus Clerc principal dudit Me

Dru Procureur dudit de la Ruelle, du qua-

orziefme dudit mois de Iuin, au bas duquel

eft l'Ordonnance dudit fieur de Seue, ren-

duë fur la requifition dudit Tournus Clerc

principal dudit Me Dru, portant que par

faute de comparoir par ledit la Tour dans

le lendemain huict heures de matin pour

fouffrir laditte confrontation, le Recol qui

auoit efté fait defdits tefmoins à leur

depofition, tiendroit lieu de fuffifante con-

frontation à fa contumace, & ce nonobftant

oppofitions ou appellations quelconques,

& fans prejudice d'icelles, fignifiée à Me

Defverneys Procureur dudit la Tour, en

parlant à fa perfonne ledit jour quatorzié-

me Iuin. Autre Ordonnance au bas d'i-

celle du lendemain quinziéme dudit,

portant Acte de la prefence defdits tef-

moins ouys en laditte Information; que

conformement à la precedente Ordon-

nance, & par faute d'eftre comparu par

ledit

1652. ledit la Tour, que ledit Recol tiendroit lieu de suffisante confrontation à sa contumace, & que la procedure seroit expediée audit de la Ruelle pour conclurre, & qu'il seroit passé outre nonobstant oppositions ou appellations quelconques, & sans prejudice d'icelles, laditte Ordonnance signifiée audit M⁽ᵉ⁾ Desverneys Procureur dudit la Tour le mesme jour, le tout signé par collation de nostre Greffier. Les Conclusions ciuiles dudit M⁽ᵉ⁾ Toussaint de la Ruelle, à ce qu'iceluy la Tour fût condamné en l'amande de trois mil liures enuers le Roy, profitable audit demandeur suiuant son Bail, & en dix mil liures pour les dommages & interests par ledit demandeur soufferts pendant le temps de sa Ferme à cause desdittes contrauentions frequentes, commises ausdits Edits par ledit la Tour, consideration que lesdittes soyes luy estoient acquises à cause desdittes contrauentions, & que la valeur d'icelles est de beaucoup plus grande que laditte somme de dix mil liures, & aux despens des procedures, & qu'au payement du tout, ledit la Tour & ses cautions, fussent contrains comme depositaires de biens de Iustice, lesdittes conclusions signées dudit

Dru

Dru fon Procureur. Tout confideré, & 1652.
ouy Mᵉ Pierre Bollioud Mermet, Aduocat
du Roy pour le Procureur du Roy,

IL EST DIT, Que ledit la Tour dit
Matte, eſt declaré fuffiſamment attaint &
conuaincu d'auoir contreuenu aux Edits &
Ordonnances de ſa Majeſté pour le fait des
Doüanes, pour raiſon dequoy l'auons condamné en deux cens liures d'amande enuers le Roy, & en trois cens liures de dom-
mages & intereſts enuers ledit de la Ruelle,
& aux deſpens des procedures, & ce non-
obſtant oppoſitions ou appellations quel-
conques, & ſans prejudice d'icelles, ſigné
Charrier Preſident, Demerle, Conſeillers
du Roy, Treſoriers generaux de France au
Bureau des Finances eſtably à Lyon, Seue
Conſeiller du Roy en ſes Conſeils d'Eſtat
& Priué, Preſident & Lieutenant General
en la Seneſchauſſée & Siege Preſidial de
Lyon, Iuſtinian Croppet Conſeiller du
Roy, Maiſtre des ports, ponts & paſſages,
Bollioud Mermet, & Lorin, Aduocat &
Procureur du Roy.

Prononcé à Mᵉ Dru Procureur dudit
Mᵉ Touſſaint de la Ruelle Fermier ſuſdit,
& à Mᵉ Deſverneys layné Procureur dudit

1652. dit Pierre la Tour dit Matte deffendeur
& accusé, en parlant à leurs personnes, lequel Me Desverneys a protesté de se pouruoir : Acte le vingtiéme Aoust mil six cens
cinquante-deux.

Collationné,

PERROT Greffier.

Autre

Autre Sentence des Iuges de la Doüane de Lyon du 16. Decembre 1652. par laquelle sont confisquez deux Cheuaux chargez de deux Balots soyes venans de Prouence, qui passoyent le Rosne du costé des Isles de S. Pierre de Bœuf.

Es Iuges establis par Edict de sa Majesté pour la Doüane de Lyon, Sçauoir faisons. Qu'estans au Bureau de ladicte Doüane, s'est presenté Me Iean Dru Procureur de Me Nicolas Pinçon, Fermier & Adjudicataire general des cinq Grosses Fermes de France, la Doüane de Lyon y comprise, qui Nous a dit ; Que le Samedy neufuiéme jour du mois de Nouembre dernier, le nommé Pierre Coppin, l'vn des Gardes de la Doüane de Lyõ, auroit fait rencontre de quelques personnes qui trauersoient le Rosne du costé des Isles de S. Pierre de Bœuf, conduisans des soyes venans de Prouence, lesquels ayans pris terre du costé desdittes Isles enuiron sur la minuict, ledit Coppin leur auroit fait commandement

mandement de s'arrester, & luy faire voir
les marchandises qu'ils portoient, mais au
lieu de ce faire, ils auroient tiré quelques
coups de Fuzils, prins la fuite par les Bois &
Broussailles, & laissé & abandonné deux Paquets soye, & deux petits Cheuaux, l'vn à
celle & l'autre à bats, lesquels Paquets soye
pesans quatre-vingts quatorze liures auec
les serpillieres & cordes d'emballages, ensemble lesdits deux Cheuaux, ledit Coppin
auroit saisi à la Requeste dudit Pinçon, &
du tout dressé son Verbal, lequel a esté
remis en nostre Greffe des le vingtiéme
du mois de Nouembre dernier, & ayant
ledit Pinçon aprins par celuy, que le nommé Iean du Velay Mareschal du lieu de S.
Estienne, estoit en la compagnie de ceux
qui conduisoient lesdites soyes, il auroit requis ledit jour vingt-vniesme Nouembre,
que ledit du Velay, & autres qui seroient
indiquez ou soupçonnez complices, ou autheurs de ladite contrauention, fussent adjournez à comparoir en personne, pour
respondre sur ledit Verbal, circonstances
& dependances : Ce que luy ayant esté accordé par Monsieur le Lieutenant particulier du Sauzey, pour l'absence de Monsieur
le President & Lieutenant general, Il a fait
                                    assigner

assigner ledit Iean du Vellay, contre lequel
par faute d'estre comparu à ladicte assignation, Nous aurions le troisiéme du present
donné defaut, & pour le profit, ordonné
qu'il seroit prins au corps, mené & conduit
sous bonne & seure garde és Prisons de
cette Ville, pour y estre detenu jusques à
ce qu'il eust respondu, & autrement fût ordonné : En suite de laquelle, & par vertu
de la commission à luy déliurée sur icelle
ledit jour troisiéme du present, Il a fait faire perquisition de pouuoir apprehender ledit Iean du Vellay, comme appert par les
Exploits de Iean Sauge Sergent Royal ex-
ploitant par tout le Royaume resident à
Luppé, qu'il a en main, en datte des
neufviéme & dixiéme dudit present mois
de Decembre; Veu lesquels il Nous re-
quier, attendu qu'il nous appert par la lecture du Verbal de saisie desdittes soyes &
cheuaux, de la manifeste contrauention
faite aux Edicts, Arrests, & Ordonnan-es
de sa Majesté, par la conduite faite nui-
tamment & par chemins detournez, au lieu
de les conduire en cette Ville pour y payer
& acquiter les droicts conformement & au
desir desdittes Ordonnances ; Que tant
lesdits deux paquets soye que cheuaux sai-

1652. fils, foient declarez acquis & confifquez au
profit dudit Pinçon, & que ledit du Vellay
foit affigné à comparoir à trois briefs jours,
fes biens faifis & annotez, & mis fous la
main du Roy & de luftice, pour ce fait
prendre & requerir, par ledit Pinçon, la
condamnation des defpens & l'amande in-
ditte par lefdittes Ordonnances, tant contre ledit du Vellay que autres qu'il pourra
apprendre eftre complices, & ce nonobftant oppofitions ou appellations quelconques, & fans prejudice d'icelles : Surquoy,
apres s'eftre ledit Dru retiré, & veu par
Nous le procés Verbal de faifie fait par
Pierre Coppin l'vn des Gardes de la Douane de cette Ville, le Samedy neufviéme
jour du mois de Nouembre mil fix cens
cinquante deux ; Contenant qu'ayant eu
aduis que quelques perfonnes deuoient
nuictamment faire paffer fur la riuiere du
Rofne, aux Ifles de S. Pierre de Bœuf, des
foyes venans de Prouence du cofté du
Dauphiné, pour les conduire à S. Chamond, S. Eftienne où ailleurs, pour frauder
les droicts de Douane deubs à fa Majefté;
Il fe feroit, affifté de Angelicq Chaudezon
Garde au Grenier à Sel du Boug Argental,
Pierre Barbier Greffier de Luppé, François
Gay

Gay cordonnier, & Antoine Marllon batte-
lier, trãſporté aux Iſles de S. Pierre de Bœuſ,
où ayant ſejourné juſques enuiron la Minuict, il auroit veu venir dudit Dauphiné
ſur ladicte riuiere du Roſne vn Batteau tra-
uerſant icelle Riuiere aux Iſles S. Pierre de
Bœuf, dans lequel il y auoit quatre. hommes, leſquels ayans mis pied à terre, il leur
auroit fait commandement, de par le Roy
& Iuſtice, de luy faire voir les marchandiſes qu'ils portoient, mais au lieu de ce faire & de l'attendre, & ſes aſſiſtans, ils auroient prins la fuite parmy les Bois & Broſ-
ſailles, apres auoir tiré ſur eux quatre coups
de fuzils, ayans abandonnez & laiſſé deux
Paquets ſoye & deux petits Cheuaux, l'vn
à ſelle & l'autre à bas, qu'il auroit conduits
audit S. Pierre de Bœuf, & remis au pouuoir de Iean Chanal hoſte dudit lieu, du
Logis où eſt pour enſeigne Sainct Nicolas,
enſemble ladicte ſoye, qui s'eſt treuuée pe-
zer quatre vingts quatorze liures auec les
ſerpillieres & cordes d'ambalages, ſuiuant
ce qui en auoit eſté par luy fait en preſence
de Loüys Valet & Antoine Talancier Là-
boureurs dudit S. Pierre de Bœuf, lequel
Chanal s'eſtoit rendu gardiateur du tout,
& promis le rapporter toutesfı   quan-

H   tes

1652. .tes qu'il seroit ordonné, comme depositaires de Iustice; Desquelles susdittes quatre
personnes ils n'auroient peu reconnoistre
que le nommé Iean du Velay Mareschal du
lieu de S. Estienne, ledit Verbal remis en
nostre Greffe par M° Iean Dru, Procureur
dudit M° Nicolas Pinçon, le vingt-vniesme dudit mois de Nouembre, au bas duquel est, l'Ordonnance de Monsieur le
Lieutenant particulier du Seuzey renduë
sur la requisition dudit Dru, portant Acte
desdites requisitions, & que ledit Iean du
Velay, & autres qui seroient indiquez ou
soupçonnez complices ou autheurs, seroient adjournez à comparoir en personne
pour respondre sur le contenu audit Verbal, circonstances & dependances, & ce
nonobstant oppositions ou appellations
quelconques; & sans prejudice d'icelles, en
datte du vingt-vniéme dudit mois de Nouembre: La Commission audit Pinçon, déliurée le mesme jour en suite de laditte Ordonnance signée de nostre Greffier, au bas
de laquelle est l'Exploit d'assignation baillée audit Iean du Velay en parlant à sa personne, pour comparoir en personne pour
respondre, en datte du vingt-cinquiesme
dudit mois de Nouembre, signée Sauze

Sergent

Sergent Royal. Autre Ordonnance ren- 1651
duë par Monſieur Mᵉ Pierre de Seue l'vn
de Nous, ſur la requiſition dudit Dru Procureur dudit Pinçon, portant Acte deſdites requiſition & deffaut contre ledit Iean
de Velay, pour le profit duquel il ſeroit
prins au corps, mené & conduit ſous bonne & ſeure garde és Priſons Royaux de
cette Ville, pour y eſtre detenu juſques à
ce qu'il euſt reſpondu & autrement fût ordonné, & ce nonobſtant oppoſitions ou appellations quelconques, & ſans prejudice
d'icelles, en datte du troiſiéme du preſent
mois de Decembre, ſignée de noſtre Greffier. La Commiſſion audit Pinçon deliurée le meſme jour en ſuite de laditte Ordonnance, au bas de laquelle ſont trois Exploits de perquiſition de pouuoir treuuer
& apprehender ledit Ieah du Velay, pour
iceluy ſaiſir au corps à la forme de laditte
Commiſſion, leſdits Exploits en datte dés
neufviéme & dixiéme dudit mois de Decembre ſignez Sauze Sergent Royal. Tout
conſideré, & ouy Mᵉ Pierre Bollioud Mermet, Aduocat du Roy pour le Procureur
du Roy,

IL EST DIT, que leſdits deux Paquets ſoye & Cheuaux ſont declarez ac-

1652. quls & confisquez au profit de sa Majesté,
ses Fermiers & ayans droict, & ordonne
que lesdits deux paquets soye, demeure-
ront entre les mains d'André Merlat Re-
cepueur general en ladicte Doüane, en s'en
rendant par luy gardien & depositaire de
Iustice, promettant de les representer &
rendre audit Pinçon, lors & quant il aura
justifié du Bail & Ferme à luy passée de la
ditte Doüane par sa Majesté, Et que ledit
Iean du Velay sera adjourné à trois briefs
jours, ses biens saisis, annotez, & mis sous
la main du Roy & de Iustice, & ce nonobstant oppositions ou appellations quelconques & sans prejudice d'icelles, signé Mas-
crany President, Charrier, Conseillers du
Roy Tresoriers generaux de France au Bureau des Finãces establi à Lyon, Seue Conseiller du Roy en ses Conseils d'Estat & Priué, President & Lieutenant General en la
Seneschaussée & Siege Presidial de Lyon,
Iustinian Croppet Conseiller du Roy, Maistre des ports, ponts & passages, Bollioud
Mermet, & Vidaud, Aduocat, & Procureur
du Roy.

Prononcé à Me Dru Procureur dudit
Me Nicolas Pinçon demandeur, en parlant
à sa

à sa personne. Acte le Lundy seiziesme, 1652
jour du mois de Decembre mil six cens
cinquante deux.

Collationné,

PERROT Greffier.

H 4   *Autre*

Autre Sentence des Iuges de la Doüane
de Lyon du 14. Ianuier 1653. contre
les nommez Henry & Antoine Gayot,
& autres, pour contrauentions par
eux faites aux Edicts & Ordonnan-
ces du Roy pour le faict des Doüanes.

LES Iuges establis par Edict de sa Majesté pour la Doüane de Lyon, Sçauoir faisons; Qu'au procés extraordinairement poursuiuy à la Requeste de M.° Toussaint de la Ruelle cy-deuant Fermier general des cinq Grosses Fermes de France la Doüane de Lyon y comprise, demandeur & accusateur à l'encontre de Henry & Antoine Gayot freres, Claude Clappeyron, Gabriel Chadel, Louys Martin, Antoine Pourra, Mathieu Deville, Mathieu des Grands, Pierre Martinier, Claude Pecoil, Marcellin Mazenod, Iean Baptiste Crupisson, Iean Buet, & Iacques Pollicart deffendeurs & accusez VEV par Nous la Requeste à nous presentée le treiziéme Ianuier mil six cens cinquante par M.° Nicolas

colas Pierrelot & Philippes Mellier, Fermiers du Tiers fur taux & Quarantiéme
de cette ville de Lyon, expolitiue; Que
par les Reglemens & Ordonnances de fa
Majefté, mefmes par les Arrefts rendus
en fuite, il eftoit porté que toutes les marchandifes venans des Prouinces circonuoi-
fines & autres, feroient conduites & voicturées par les chemins ordinaires en cette
Ville, pour y acquitter tant les droicts de
Doüane, que Tiers fur Taux & Quarantiéme aux peines y portées, & neantmoins
ils auoient eu auis que journellement plufieurs Marchands & Voicturiers, tant de
Sainct Chamond que autres endroits, voic-
turoient & faifoient voicturer à heures in-
dues, par chemins obliques, deftournez,
& par confequent prohibez, des marchandifes de foye, & autres de diuerfes nature,
tant audit Sainct Chamond qu'ailleurs, fans
venir en cette ditte Ville, ny acquitter lefdits droicts, ayans mefmes fceu qu'aucuns
des Commis & Gardes du Fermier de laditte Doüane, conniuoient auec lefdits
Marchands & Voicturiers au grand prejudice & dommage defdits demandeurs;
Concluoient à ce qu'il leur fût permis de
faire informer du contenu en icelle, cir-

H 5 conftances

1653. conſtances & dependances, pour ce faict,
prendre par eux telles fins & concluſions
que de droict : Et attendu la difficulté qu'il
y auoit d'amener en cette Ville les teſmoins
qui depoſeroient deſdites contrauentions,
pour eſtre perſonnes employées ou infir-
mes & auancées en aage, il Nous plût
commettre le premier Notaire ou Iuge Royal requis, pour ladite information par eux
faite & rapportée cloſe & cachetée, eſtre
pourueu ainſi qu'il appartiendroit, & ce
nonobſtant oppoſitions ou appellations
quelconques, & ſans prejudice d'icelles,
au bas de laquelle eſt l'Ordonnance de
Monſieur Me Pierre de Seue l'vn de Nous
conforme auſdites concluſions, en datte
dudit jour treiziéme Ianuier mil ſix cens
cinquante. Extraict de la Commiſſion auſdits Pierrelot & Mellier, deliuré de l'Ordonnance de Me Gabriel Teuenet Cappi-
taine Chaſtelain & Iuge Royal de Fay &
Sainct Iean de Bonnefont en ſuite de ladite commiſe, pour faire aſſigner teſmoins
pour dire & depoſer verité de ce qu'ils
ſcauroient & ſeroient enquis ſur le contenu en la Requeſte deſdits Pierrelot & Mellier, circonſtances & dependances, ſignée
dudit Theuenet & de Guillaume commis
Greffier,

Greffier, en datte du dix-septiéme de Feurier, au bas de laquelle est l'Exploict d'affignation donnée aufdits tefmoins le mefme jour par Collaud Sergent Royal au
Balliage de Forefts. L'Information faite
pardeuant ledit fieur Theuenet Chaftelain,
& Iuge Royal de Fay & Sainct Iean de
Bonnefont composée de quatre tefmoins,
en datte dudit jour dix-septiéme de Feurier, de luy fignée, & dudit Guillaume
commis Greffier, le tout figné par Extraict
collationné de noftre Greffier. Les Remonftrances faites pardeuant ledit Sieur
de Seue le vingt-vniéme dudit mois de Feurier, par Me André Perrodon Procureur
defdits Nicolas Pierrelot & Philippes Mellier, au bas defquelles est l'Ordonnance
dudit Sieur de Seue, portant Acte de la remife faite par ledit Perrodon és mains de
noftre Greffier, de l'Information faite pardeuant ledit Theuenet à ces fins par luy
commis, & qu'en continuant icelle il feroit par luy procedé à l'audition des tefmoins adjournez à comparoir pardeuant
luy, en fuite defquelles est l'Information
par luy faite composée de deux tefmoins,
& fon Ordonnance renduë fur la requifition dudit Perrodon, portant que les nommez

1653. mez Loüys Martin, Henry & Antoine Gayot, seroient adjournez à comparoir en personne pour répondre sur le contenu en
ladite Information, circonstances & dependances, & ce nonobstant oppositions
ou appellations quelconques, & sans prejudice d'icelles. Les Remonstrances faites
pardeuant ledit Sieur de Seue par Me Iean
Dru Procureur de Me Toussainct de la
Ruelle, Fermier general des Cinq grosses
Fermes de France la Doüane de Lyon y
comprise ; Contenant, qu'ayant eu auis
de la Procedure extraordinairement faite à
la Requeste desdits Pierrelot & Mellier,
Fermiers des droicts de Tiers sur Taux &
Quarantiéme de cette Ville, appartenans
aux Sieurs Preuost des Marchands & Escheuins d'icelle, pour raison des contrauentions qui se commettent journellement
au mespris des Ordonnances, Arrests, &
Reglemens de sa Majesté, par plusieurs
Marchands & Voicturiers, voicturans &
faisans voicturer à heures indües, & par
chemins obliques, destournez, & deffen-
dus par lesdits Edicts & Ordonnances, des
soyes & autres marchandises, tant au lieu
de Sainct Chamond que autres, sans venir
en cette Ville y acquitter les droicts de
Doüane

Doüane deubs pour raison d'icelles ; Lefquelles pourfuites ils ne pouuoient faire,
ains deuoient eftre faites par ledit de la
Ruelle, feul auquel appartenoient les amã-
des qui pouuoient eftre adjugées contre
efdits contreuenans , conformement au
Bail qui luy auoit efté fait & paffé par fa
Majefté des droiɛ̃ts de ladite Doüane, ainfi
que nous auions jugé par plufieurs nos Iugemens rendus fur pareilles difficultez:
Requeroit ledit Dru aɛ̃te de l'Interuention
qu'il faifoit pour ledit de la Ruelle en ladite
pourfuite, qu'il luy plût , conformement à
nos precedens Iugemens, ordonner que lefdites pourfuites fe feroient par ledit de la
Ruelle , & qu'il luy feroit permis de faire
executer les decrets, par luy decernez con-
re les accufez, fur les Informations fur ce
aites , & ce nonobftant oppofitions ou appellations quelconques , & fans prejudice
d'icelles, au bas defquelles eft l'Ordonnance dudit Sieur de Seue, contenant Aɛ̃te
lefdites remontrances, interuention & requifition,& qu'en confequence de nos precedens Iugemens il eftoit permis audit de
la Ruelle de faire proceder au paracheuement defdites Informations , & de faire
executer les decrets d'adjournement per-
sonnels

1653. fonnels decernez contre lefdits Martin,
Henry & Antoine Gayot, & ce nonobftant
oppofitions ou appellations quelconques,
& fans prejudice d'icelles, en datte du
deuxfiéme Auril audit an mil fix cens cinquante. Autres Remonftrances faites pardeuant ledit Sieur de Seue par ledit Dru
Procureur dudit M⁰ Touffainct de la Ruelle, de ce qu'ayant eu auis qu'en l'année mil
fix cens quarante-huict, incontinent apres
la Foire de la Magdelaine, les fieurs Marcellin Mazenod & Claude Pecoil marchands, firent charger au lieu de Beaucaire
vingt-huict charges foyes en la maifon de
Iacques Conaux, qui furent voicturées par
des chemins obliques, pafferent à Mont-
peza aux Eftables la Pau, & vindrent au
Chafteau de la Fay appartenant au fieur de
la Borie, où fe treuuerent les nommez Flo-
rent facteur dudit Mazenod, & le fils dudit
Pecoil, auec cinquante hommes d'armes
à cheual ou à pied, de-là vindrent à Ville-
bœuf tout de nuict proche Sainct Eftienne,
& de-là à Sainct Chamond tout de nuict,
efcortez comme deffus jufques à Sainct
Chamond, où ils defchargerent nuictamment chez le nommé Simond Crupiffon,
fans auoir fuiui les chemins defignez par
les

onsigné ny acquitté les droicts de Douane
pour raison desdites vingt-huict charges
soye, non plus que pour autres cinq charges soye que lesdits Mazenod & Pecoil
auoient fait voicturer du lieu de Pierrelatte,
& deux autres bales soyes qu'ils auoient
fait charger au Bourg S. Andeol, qu'ils a-
uoient, de mesmes que les susdittes, fait
conduire par chemins obliques, & icelles
descharger audit Sainct Chamond chez ledit Crupisson, que plusieurs autres Marchands de Sainct Chamond, Sainct Estienne, & de cette Ville, auoient fait pendant
ladite année mil six cens quarante-huict,
mil six cens quarante ueuf, & mil six cens
cinquante, que autres precedentes, conduire & voicturer plusieurs bales de soye
par voyes obliques auec armes nuictamment, & icelles fait descharger ausdits
lieux de Sainct Chamond, Sainct Estienne,
Sainct Paul en Iarests, & autres lieux cir-
conuoisins, sans auoir payé ny acquitté les
droicts deubs à sa Majesté pour raison d'i-
celle, dont il faisoit plainte, & requeroit
permission d'informer du tout, circonstances & dependances ; à ces fins que lettres
necessaires luy fussent octroyées pour faire
                                assigner

1653. affigner tefmoins , & permiffion de faire
fulminer Lettres Monitoires *nemine dempto*,
& qu'il fût paffé outre nonobftant oppofitions ou appellations quelconques, & fans
prejudice d'icelles.   En fuite defquelles eft
l'Ordonnance dudit Sieur de Seue conforme aufdites requifitions, en datte du quatriéme dudit mois de Feurier, deux commiffions audit de la Ruelle le mefme jour
defliurées fur ladite Ordonnance , pour
faire affigner tefmoins pour eftre ouïs , dire, & depofer verité de ce qu'ils fçauroient
& feroient enquis, fignées de noftre Greffier , au bas defquelles font les Exploits
d'affignations données aux tefmoins que
ledit de la Ruelle entendoit faire ouyr, par
Poncet Huiffier au Bureau des Finances &
Arnaud Sergent Royal , en datte du hui-
étiéme dudit mois de Feurier mil fix cens
cinquante-vn & quinziéme Ianuier mil fix
cens cinquante-deux. L'Information faite
en fuite à la Requefte dudit de la Ruelle
pardeuant ledit fieur de Seue composée de
huiét tefmoins, en datte des neufviéme
dudit mois de Feurier mil fix cens cinquante-vn & quinziéme de Ianuier mil fix cens
cinquante-deux; Et fon Ordonnance portant que lefdits Crupiffon, Clapeyron, Iacques

ques Pollicard Mazenod & Pecoll, feroient **1653.**
adjournez en perfonne pour refpondre fur
lefdites informations, circonftances & dependances, & ce nonobftant oppofitions
ou appellations quelconques & fans prejudice d'icelles, en datte dudit jour neufviéme Fevrier mil fix cens cinquante-vn. La
Commiffion audit de la Ruelle déliurée fur
icelle le vnziéme dudit mois de Fevrier fignée de noftre Greffier, au bas de laquelle
eft l'Exploit d'affignation donnée audit Pollicard le mefme jour par ledit Poncet Huiffier au Bureau des Finances. Les Refponces perfonnelles dudit Iacques Pollicard
faites deuant ledit fieur de Seue ledit jour
vnziéme de Fevrier mil fix cens cinquante
vn, & fon Ordonnance en fuite, portant
qu'il eftoit delaiffé en l'eftat, apres qu'il
auoit conftitué Procureur Me Defverneys
le jeune, en la maifon & perfonne duquel
il élifoit fon domicille, & promis de fe reprefenter à toutes affignations qui y feroiét
baillées. Autre Ordonnance dudit fieur
de Seue, renduë fur les remonftrances &
requifitions dudit Dru Procureur dudit de
la Ruelle, portant actedefdites requifitions,
& qu'il eftoit permis audit de la Ruelle de
faire proceder au paracheuement de l'In-

1653. formation par luy commencée, circonſtances & dependances , pardeuant le Lieutenant Ciuil & Criminel au Balliage de Saint
Ferriol, à ces fins par luy commis, pour ladite Information faite & rapportée pardeuers luy cloſe & ſeellée eſtre pourueu ainſi
que de raiſon , & paſſé outre nonobſtant
oppoſitions ou appellations quelconques,
& ſans preiudice d'icelles , en datte du ſi-
ziéme de Septembre audit an mil ſix cens
cinquante-vn. Les Ordonnances rendues
par Mᵉ Claude Parchas Conſeiller du Roy,
Lieutenant general Ciuil & Criminel au
Balliage de Foreſts Siege de Saint Ferriol,
portans, apres l'acceptation par luy faite de
ladite Commiſe , que Commiſſion ſeroit
déliurée audit de la Ruelle par Mᵉ Antoine
de Cellieres ſon Greffier pour faire aſſigner
teſmoins. L'Acte de comparition de partie
des teſmoins, & deffaut contre les aſſignez
& non comparans, pour le profit duquel ils
ſeroient reaſſignez à comparoir à peine de
dix liures d'amende contre chacun d'eux,
en datte des treiziéme ,·quatorziéme , ſei-
ziéme·, & vingt-troiziéme dudit mois de
Septembre. L'Information faite par ledit
ſieur Parchas Lieutenant general ciuil &
criminel au Balliage de Saint Ferriol, commencée

mencée ledit jour quatorziéme Septembre, 1653.
composée de dix-huict tesmoins, signée
dudit sieur Parchas & de Cellieres Greffier. La remise au Greffe faite par Nicolas Iambon Garde general pour la Doüane de cette Ville, d'vn paquet clos & ca-
cheté en cinq diuers endroits du Seel du
Balliage de Forests Siege de Saint Ferriol,
dans lequel estoit, suiuant l'inscription
estant sur iceluy, l'Information faite par
ledit sieur Parchas Commissaire deputé à
la Requeste dudit de la Ruelle contre les
desnommez en icelle, de laquelle il auoit
esté chargé par ledit sieur Parchas pour
icelle remettre en nostre Greffe, dont il
auroit requis acte à luy octroyé le dernier
dudit mois de Septembre, en suite duquel
est la requisition faite par ledit Dru Procureur dudit de la Ruelle de l'ouuerture dudit paquet, & l'Ordonnance dudit sieur de
Seue portant, apres ouuerture dudit paquet
à luy representé par nostre Greffier clos, &
seellé en cinq diuers endroits du Seel dudit
Balliage de Forests Siege de Saint Ferriol,
dans lequel se seroit treuué lesdites Ordonnances & Informations, Acte de ladite
ouuerture, & que le tout seroit communiqué audit de la Ruelle pour y deliberer,

&

1653. & requerir ce qu'il verroit, en datte dudit jour dernier Septembre. Autre Ordonnance par ledit fieur de Seue, renduë fur la requifition dudit Dru Procureur dudit de la Ruelle, portant que les nommez Clapeyron, Gabriel Chadel, Martin, Pourra, Mathieu de Ville, Defgrands, & Pierre Martinier, feroient adjournez à comparoir en perfonne, pour refpondre fur les charges & Informations contre eux prifes, circonftances & dependances, & qu'il feroit paffé outre nonobftant oppofitions ou appellations quelconques, & fans prejudice d'icelles, en datte du treiziéme de Nouembre fuiuant. Deux Commiffions audit de la Ruelle deliurées fur icelle le mefme jour, fignées de noftre Greffier, au bas defquelles font les Exploits d'affignations baillées aux denommez en icelles par Gletain Sergent Royal, en datte des quinziéme & vingt-huictiéme dudit mois de Nouembre mil fix cens cinquante-vn. Les refpontes perfonnelles defdits Claude Clapeyron, Mathieu, Defgrands, Gabriel Chadel, & Antoine Pourra, faites pardeuant ledit fieur de Seue le dix-huictiéme dudit mois de Nouembre. Les refponces perfonnelles dudit Louys Martin faites par-

deuant

deuant ledit fieur de Seüe le vingt-vniéme 1653.
du mefme mois. Autre Commiffion audit
de la Ruelle deliurée ledit jour vingt-huictiéme Fevrier mil fix cens cinquante-vn,
pour adjourner à comparoir en perfonne
lefdits Mazenod & Pecoil, fignée de noftre
Greffier, au bas de laquelle eft l'Exploit
d'affignation à eux donnée aux fins d'icelle
par ledit Poncet Huiffier au Bureau, en
datte du vingtiéme dudit mois de Nouembre. Les refponces perfonnelles dudit
Claude Pecoil, faites pardeuant ledit Sieur
le vingt-huictiéme dudit mois de Nouembre. Les refponces perfonnelles defdits
Pierre Martinier & Iean Buet, faites pardeuant ledit fieur de Seue le deuxiéme du
mois de Decembre fuiuant. Autre Commiffion audit de la Ruelle deliurée ledit
jour deuxiéme Decembre, pour faire affigner à comparoir en perfonne lefdits
Henry & Antoine Gayot, pour refpondre
fur les charges & informations contre eux
prifes par ledit de la Ruelle, circonftances
& dependances, au bas de laquelle eft l'Exploit d'affignation à eux donnée par Gletain
Sergent Royal le neufviéme du mefme
mois. Ordonnance dudit fieur de Seue
renduë fur la requifition dudit Dru Procu-

I 3 reur

1653. reur dudit de la Ruelle, portant que par
faute de comparoir par lesdits Iean Baptiste Crupisson & Mathieu de Ville, comme
deuant, dans la huictaine, apres l'assignation
qui leur seroit donnée pour respondre conformement à sa precedente Ordonnance,
ils seroient amenez sous bonne & seure
garde, & ce nonobstant oppositions où appellations quelconques & sans prejudice
d'icelles, en datte du cinquiéme dudit mois
de Decembre. La Commission audit de la
Ruelle deliurée le mesme jour sur icelle
contre lesdits Crupisson & de Ville, au bas
de laquelle est l'Exploit d'assignation à eux
donnée conformement à ïcelle, en datte
du neufviéme dudit mois de Decembre,
signée dudit Gletain Sergent Royal. Les
responces personnelles dudit Iean Baptiste
Crupisson, faites pardeuant ledit sieur de
Seue le mesme jour cinquiéme Decembre.
Les Remonstrances & requisitions faites
par Mᵉ Lambert Gayet Procureur desdits
sieurs Pecoil, Mazenod & Crupisson pardeuant ledit sieur de Seue, au bas desquelles est son Ordonnance portant acte d'icelles, & que ledit de la Ruelle feroit proceder au recol & confront des tesmoins ouys
en l'Information faite à sa Requeste ; & ce
dans

dans la quinzaine, autrement forclos &
pourueu, en datte du douziéme dudit mois
de Decembre. Les responces personnelles desdits Henry & Antoine Gayot, faites
pardeuant ledit sieur de Seue le quatorziéme du mesme mois, au bas desquelles sont
les Remonstrances faites par M° Marcellin
Mellier Procureur dudit Mathieu de Ville
pour lequel il se presentoit, contenant que
ledit de Ville ne pouuoit comparoir à l'assignation à luy donnée à la Requeste dudit
de la Ruelle pour respondre en personne,
estant attaint d'vne maladie qui luy empes-
choit de ce faire, ainsi qu'il paroissoit par
le Certificat & Attestation du sieur Aymé
Parisot Maistre Chirurgien du lieu de Saint
Estienne, qu'il exiberoit & remettroit en
nostre Greffe. Requeroit à ce qu'il nous
plust commettre tel Officier sur les lieux
qu'il nous plairroit pour l'ouïr en ses responces, au bas desquelles est l'Ordonnance dudit sieur de Seue portant acte desdites remonstrances, requisitions, & remise
au Greffe dudit Certificat, & que le tout
seroit communiqué audit de la Ruelle pour
y deliberer. La signification faite audit
Dru Procureur dudit de la Ruelle contenant sa responce, & la signification de ladite

1651. dite responce faite audit Mr Mellier Procureur dudit de Ville, en datte du mesme
jour, & en suite la teneur dudit Certificat &
Attestation datté du vnziéme dudit mois de
Decembre. Autre Ordonnance dudit sieur
de Seue, portant que, comme deuant, dans
le premier Plaidoyable apres les Roys ledit
de Ville comparoistra en personne pour
respondre, passé lequel temps, qu'il estoit
permis audit de la Ruelle de le faire amener
& conduire sous bonne & seure garde és
prisons Royaux de cette Ville, pour y estre
detenu jusques à ce qu'il eust respondu &
autrement fust ordonné, & que cependant
les tesmoins ouys és Informations dudit de
la Ruelle seroient ajournez pour estre recolez à leurs depositions, & confrontez aux
accusez, lesquels seroient à mesme heure
assignez pour souffrir ladite confrontation,
autrement, & à faute de comparoir, que le
Recol que seroit fait desdits tesmoins à leur
deposition tiendroit lieu de suffizante confrontation, & qu'il seroit passé outre nonobstant oppositions ou appellations quelconques & sans prejudice d'icelles, en datte du vingtiéme dudit mois de Decembre.
La Commission dudit de la Ruelle deliurée
sur icelle contre ledit de Ville le mesme
jour,

jour, au bas de laquelle eſt l'Exploit d'aſſignation baillée audit de Ville en parlant à
ſa perſonne par Getain Sergent Royal, en
datte du vingt-neufviéme dudit mois de
Decembre. Autre Commiſſion audit de
la Ruelle le meſme jour vingtiéme Decembre, deliurée pour faire aſſigner leſdits teſmoins pour eſtre recolez en leurs depoſitions, & confrontez auſdits accuſez, enſemble leſdits accuſez pour ſouffrir ladite
confrontation, au bas de laquelle ſont les
Exploits d'aſſignations à eux données en
ſuite d'icelle par ledit Gletain & Charbon
Sergens Royaux, & Poncet Huiſſier au Bureau des Finances, en datte des vingt-neufviéme, trentiéme, & trente-vniéme, & dernier dudit mois de Decembre, premier,
cinquiéme, douziéme, quinziéme, & ſei-
ziéme du mois de Ianuier ſuiuant mil ſix
cens cinquante-deux. L'Ordonnançe renduë par Iean Baptiſte Ioly Aduocat en Parlement, Iuge du Marquizat de Saint Prié en
la ville de Saint Eſtienne de Furan, ſur les
Remonſtrances & requiſitions de Gabriel
Dauces Proçureur en ladite Cour, & dudit
Mathieu de Ville, portant acte d'icelles, &
que la perſonne dudit de Ville ſeroit veüe
& viſitée par Monſieur Mᵉ François Buyat

1653. Docteur Medecin,& Me Loüys Teftel Doyen des Chirurgiens de ladite·Ville , pour
faire Rapport fur les maladies & incommoditez dudit de Ville , pour iceluy feruir
ce que de raifon , au bas de laquelle eft le
Rapport fait pardeuant luy par lefdits Buyat & Teftel , contenant qu'ils s'eftoient
tranfportez en la maifon dudit de Ville
qu'ils auoient treuué gifant fur vn lict, auoient veu fa perfonne , reconnu & treuué
qu'il eftoit extrêmement affligé & tour-
menté, lors, des homoroides, lefquelles ne
luy pouuoient permettre d'entreprendre
aucun Voyage fût à pied ou à cheual , fans
danger ou notable incommodité de fa perfonne , eftant d'ailleurs foible par fon aage;
Qu'il apparoiffoit que lefdites homoroides
l'auoient des long temps affligé , & que
mefmes ledit Teftel atteftoit & affirmoit y
auoir enuiron vingt mois que prefque toutes les femaines fucceffiuement il eftoit
obligé luy donner des remedes pour fon
foulagement, fans qu'il euft depuis pu entreprendre aucun Voyage , du moins éloi-
gné de plus de deux lieües, comme il ne
deuoit ny pouuoit en entreprendre mefmes fi éloignez que celuy de cette Ville de
Lyon, ainfi l'atteftoient moyenant leur ferment.

ment. Et l'Ordonnanee dudit Sieur Iolly 1653.
contenant acte d'iceluy, & que par le commis Greffier expedition en feroit faite audit
de Ville pour luy feruir & valoir ce que de
raifon, le tout en datte du huictiéme de
Ianuier mil fix cens cinquante-deux, Et la
Sommation faite audit Dru Procureur dudit de la Ruelle d'en prendre coppie, en
datte du douziéme dudit. Les Remontrances & requifitions faites par ledit Mᵉ Mellier Procureur dudit de Ville, à ce que aprés
le Certificat par luy rapporté & communiqué audit de la Ruelle, fait pardeuant le
fieur Iuge du Marquizat de Saint Prié en
la ville de Saint Eftienne, par Monfieur Mᵉ
François Buyat Docteur Medecin, & Mᵉ
Louys Teftel Doyen des Chirurgiens en
ladite ville de Saint Eftienne, à ces fins par
luy commis, Il nous pluft commettre tel
Iuge ou Magiftrat fur les lieux, ou proche
dudit lieu de Saint Eftienne, pour l'ouïr en
fes refponces, eftant preft de comparoir &
refpondre pardeuant eux pour fatisfaire à
nos Ordonnances, & qu'il fuft paffé outre
nonobftant oppofitions ou appellations
quelconques & fans prejudice d'icelles,
lefdites Remontrances & requifitions faites en prefence dudit Dru Procureur dudit
                                    dé

1653. de la Ruelle, qui auroit fouftenu ledit exhoine n'eftre confiderable pour empefcher l'execution de nos Ordonnances, &
requis prife de corps eftre decernée contre ledit de Ville ; Et où il ne pourroit eftre
apprehendé, qu'il fuft adjourné à trois
briefs & diuers jours, fes biens faifis & annotez,& regis par Commiffaire, jufques à
ce qu'il euft obey, au bas defquelles eft
l'Ordonnance dudit fieur de Seue portant
acte defdites requifitions & remontrances,
& que le tout feroit communiqué au Procureur du Roy, & jufques à ce furfeoiroit
le decret, & paffé outre nonobftant oppofitions ou appellations quelconques & fans
prejudice d'icelles, en datte du treiziéme
dudit mois de Ianuier mil fix cens cinquante-deux. Les Remontrances faites au
Greffe par Mᵉ Defuerneys le jeune Procureur de Iacques Pollicard, contenant que
ledit Pollicard auoit efté affigné pour fouffrir la confrontation des tefmoins que ledit
de la Ruelle pretendoit auoir fait ouïr contre luy, lequel Pollicard il auoit appris eftre
allé faire des Voictures du cofté de la ville
de Thoulouze dont il ne feroit de retour
de long temps, & de confequent que delay
d'vn mois luy deuoit eftre accordé pour
fubir

ûbir ladite confrontation, ledit de la Ruel-
e ayant pris fon temps pour furprendre ledit Pollicard, & efpié l'occafion qu'il fuft
abfent, proteftant, où ledit Delay ne luy
feroit accordé, de fe pouruoir tant par ap-
pel que autrement contre la procedure, ce
qu'il requeroit eftre fignifié audit Dru Procureur dudit de la Ruelle, en datte du
quinziéme dudit mois de Ianuier, au bas
defquelles eft la fignification faite d'icelles
audit Dru Procureur dudit de la Ruelle,
contenant fa refponce, & la requifition par
luy faite le lendemain feiziéme dudit, au
bas de laquelle eft l'Ordonnance dudit
fieur de Seue, portant que deffaut eftoit
octroyé tant contre ledit Pollicard que Iean
Baptifte Crupiffon, faute d'eftre comparus
aux affignations à eux données pour fouffrir la confrontation des tefmoins contre
eux ouys, pour le profit duquel, que le recol fait ou à faire defdits tefmoins à leurs
depofitions, feruiroit, & tiendroit lieu de
fuffizante confrontation à leur contumace,
& ce nonobftant oppofitions ou appellations quelconques & fans prejudice d'icelles. Le Recol fait pardeuant ledit Sieur de
Seue de vingt-fix des tefmoins ouys en
l'Information dudit de la Ruelle les quinziéme

1653. ziéme, seiziéme, dixseptiéme, dixneufvié-
me, & vingtneufviéme dudit mois de Ianuier, au bas duquel est son Ordonnance
sur les Remontrances & requisitions de
Tournus Clerc principal dudit Dru Procureur dudit de la Ruelle portant acte d'i-
celles, & que le Recol fait de Benoist Gre-
nesier (l'vn desdits tesmoins) à sa deposition, tiendroit lieu de suffisante confrontation ausdits Mazenod & Pecoil, par faute
d'estre comparus pour souffrir icelle, & à
leur contumace, & ce nonobstant oppositions ou appellations quelconques & sans
prejudice d'icelles, & la signification faite
d'icelle audit Gayet Procureur le mesme
jour. L'Adjousté fait par ledit Dru Procureur dudit de la Ruelle à ladite plainte par
luy cy-deuant faite contre ceux qui auoient
fraudé les droicts de Doüane : Contenant,
que le nommé Pourra marchand de Sainct
Chamond le douziéme de Septembre mil
six cens cinquante-vn, fist conduire par
Iacques Robert,& Iean Buet beau frere dudit Pourra,audit Sainct Chamond, quatre
quintaux de soye, lesquels furent apportez
le mesme jour par ledit Buet au Bureau
establi pour la Doüane de Valence à Sainct
Ferriol , & nullement conduites en cette
Ville

Ville pour y aquitter les droicts du Roy
ſuiuant la volonté de ſa Majeſté, dequoy il
aiſoit plainte,& requeroit que ledit Pourra
uſt ouy ſur icelle, au bas duquel eſt l'Ordonnance dudit ſieur de Seue portant acte
de ladite plainte, & que ledit Pourra ſeroit
ouy ſur le contenu en icelle, circonſtances
& dependances, en datte du quinziéme
udit mois de Ianuier. Les Reſponces faites par ledit Pourra pardeuant ledit ſieur de
Seue ſur le contenu en ladite plainte, circonſtances & dependances, en datte du
vingtiéme dudit mois de Ianuier. Ordonnance dudit ſieur de Seue, portant deffaut
tant contre le nommé Siccard, que autres
teſmoins adjournez & non comparans,
pour le profit duquel ils ſeroient readjour-
nez à comparoir à heure certaine, à peine
de ſoixante liures d'amende contre chacun
d'eux, pour laquelle ſeroit Executoire deliuré au Receueur du Domaine, & ce nonobſtant oppoſitions ou appellations quelconques & ſans prejudice d'icelles, en datte du quinziéme dudit mois de Ianuier; En
ſuite de laquelle eſt autre Ordonnance par
luy renduë portant deffaut contre ledit
Siccard, pour le profit duquel il ſeroit re-
adjourné à comparoir comme deuant au
Lundy

1653. Lundy fuiuant dix heures de matin, autrement & à faute de ce, que l'amende de foixante liures, portée par la precedente Ordonnance, eftoit des à prefent, comme des lors, contre luy indite, & executoire deliuré pour icelle conformement à ladite Ordonnance, & ce nonobftant oppofitions ou appellations quelconques & fans prejudice d'icelles, en datte du vingt-quatriéme du mefme mois. La confrontation faite aufdits accufez des tefmoins ouys en l'Information dudit de la Ruelle; Enfemble les Remontrances & requifitions faites par Me Gayet Procureur dudit Iean Baptifte Crupiffon, contenans que ledit Crupiffon avoit efté affigné à la Requefte dudit de la Ruelle pour fouffrir la confrontation defdits tefmoins, à quoy il ne pouuoit obeir eftant alité au moyen d'vne diflocation de jambe qu'il fe fift en fe retirant de cette Ville apres fes refponces, comme apparoiffoit par l'acte & exhoine qu'il exiboit & remettoit en noftre Greffe; Et l'Ordonnance dudit fieur de Seue en fuite, contenant acte defdites remontrances, & de la remife au Greffe dudit exhoine, en datte du quinziéme dudit mois de Ianuier, & la teneur dudit exhoine fait pardeuant Perrollon

rollon Notaire Royal, par Hierofme Court 1653
maiftre Chirurgien habitant à Saint Chamond, portant atteftation pour feruir ce
que de raifon, Que ledit Iean Baptifte Crupiffon eftoit detenu au lict par vne diflocation du genoüil auec grande contufion en
ladite partie, & encores tumeur echimofe
& liuidite douleur, qui le contraignois
tenir le lict pour foulager fon mal, autrement il feroit en danger de plus grand par
la fluxion qui fe pouuoit jetter fur la fufdite partie affligée & le tenir long - mois entre les mains des Chirurgiens & dans le
lict, & ne pouuoit de fix fen . . .es ou deux
mois agir, ny eftre libre de . . . . fes affaires
hors de la maifon, en da' du neufviéme
dudit mois de Ianuier, ladite Confrontation en datte des quinze, feize, dixfept, dix-
huict,& dix-neufviéme dudit mois de Ianuier. L'Ordonnance en fuite rendue fur
les remontrances & requifitions dudit Dru
Procureur dudit de la Ruelle portant acte
d'icelles, & continuation de ladite Confrontation au Lundy vingtneufviéme dudit
mois de Ianuier dix heures de matin, à laquelle heure lefdits accufez comparoi-
ftroient & efliroient domicille, & feroient
tenus de comparoir aux affignations baillées

K   aux

1653. aux domicilles par eux esleuz, autrement
& à faute de ce, que le Recol qui seroit
fait desdits tesmoins, à leurs depositions,
tiendroit lieu de suffisante confrontation à
leur deffaut & contumace, ladite Ordonnance du lendemain vingtiéme dudit, contenant l'eslection de domicille faite par lesdits accusez, & la continuation de ladite
Confrontation faite ledit jour vingtneufviéme dudit mois de Ianuier, en suite de
laquelle sont les Remontrances & Requisitions faites par lesdits Payre, Mellier, &
Desverneys le jeune Procureurs desdits
Buet, Gayot, Martin, Pourra, Desgrands
& Martinier, & l'Ordonnance dudit sieur
de Seue portant acte des requisitions, declarations & consentemens par eux faits,
& que ledit de la Ruelle feroit mettre le
procez en estat dans la quinzaine, autrement permis à eux de faire expédier la procedure, pour icelle estre communiquée aux
gens du Roy, sauf à eux de prendre executoire pour le montant d'icelle, & en suite de la declaration dudit Mellier, que le
Recol fait du nommé Antoine Siccard l'vn
des tesmoins à sa deposition, tiendra lieu
de suffisante confrontation ausdits Chadel
& Clapeyron, & ce nonobstant oppositions
oú

ou appellations quelconques & fans prejudice d'icelles, le tout figné de noftre Greffier. Conclufions ciuiles dudit de la Ruelle
à ce que lefdits Henry & Antoine Gayot
freres, Claude Clapeyron, Gabriel Chadel,
Louys Martin, Antoine Pourra, Mathieu
Defgrands, Pierre Martinier, Claude Pecoil, Marcelin Mazenod, Iean Baptifte
Crupiffon, Iean Buet, & Iacques Pollicard,
fuffent condamnez folidairement en la
fomme de vingt mil liures pour les defpens, dommages & interefts par luy fouf-
ferts pendant le temps de fa Ferme, à caufe
defdites contrauentions & fraudes conti-
nuelles par eux commifes aux Edicts &
Ordonnances de fa Majefté fur le fait defdites Douanes, port d'Armes, & Affem-
blées illicites, en l'amende de dix mil liures
enuers le Roy, à luy profitable à la forme
de fon Bail, auec deffences de commettre
cy apres femblables Contrauentions &
fraudes à peine de punition exemplaire,
& en outre aux defpens des procedures.
Et à l'egar dudit Mathieu de Ville, que
fans auoir efgar à l'exhoine par luy rapporté, il comparoiftra en perfonne dans trois
jours, pour refpondre, & luy eftre fon procez fait & parfait, & à faute de ce, qu'il

1653. seroit pris au corps, côduit & mené aux prisons Royaux de cette Ville, pour y estre detenu jusques autrement fut ordonné, lesdites conclusions signées dudit Dru Procureur dudit de la Ruelle. Requeste à nous presentée par lesdits Claude Pecoil & Marcellin Mazenod, expositiue qu'il y auoit eu plainte contre eux à la Requeste des Fermiers de la Doüane, sur ce qu'ils pretendoient qu'ils eussent fait venir & passer des Soyes sans payer les droicts de ladite Doüane, ce qu'ils auoient apris par vn Adjournement personnel laxé contre eux de nostre authorité, sur lequel ayans esté assignez, & respondus, desniez les faicts contre eux proposez comme calumnieux, & estans innocens de ladite Accusation, ils entendoient de s'en faire renuoyer absous auec despens, dommages & interests; Ce que lesdits Fermiers apprehendans, taschoient par leurs Commis & Gardes, & encor par l'entremise de Iacques Fontanel dit Gamard, qu'ils auoient fait condamner pour semblable faict, & lequel ils auoient promis de descharger de la condamnation contre luy interuenue, & encores de luy bailler de l'argent s'il treuuoit preuue contre autres personnes, de suborner & corrompre

rompre des tesmoins à prix d'argent, & ne se contentans de cela, taschoient de les faire deposer suiuant leur intention, auec mena-ces, violances & ports d'armes, dequoy ils auoient interests d'auoir preuue pour leur seruir en temps & lieu ce que de raison, De-claroient par icelle qu'ils en faisoient plain-te, & concluoient à ce qu'il Nous plust leur bailler acte de ladite Plainte, & leur per-mettre d'informer sur icelle, circonstances & dependances, pour, ce fait, prendre tel-les Conclusions qu'ils aduiseroient, & qu'il fust passé outre nonobstant oppositions ou appellations quelconques & sans prejudice d'icelles, ladite Requeste d'eux signée & de Gayet leur Procureur, au bas de laquel-le est l'Ordonnance dudit sieur de Seue portant acte d'icelle & jointe au procez, pour, en jugeant, y auoir tel egar que de raison, en datte du premier Decembre mil six cens cinquante-vn. Autre Requeste presentée par Pierre Martinier, expositiue qu'ayant esté assigné pardeuant Nous à la Requeste dudit de la Ruelle pour respon-dre sur certaines pretendues charges, Il auroit respondu, & en suite ayant esté pro-cedé à la confrontation des tesmoins, il au-roit proposé contre eux des reproches tres

1653. pertinens & concluans : mais comme l'on
luy auroit fait lecture de la deposition d'vn
nommé Claudinon : il auroit reconnu que
ledit tesmoin auoit deposé fauxcement
contre luy, entre autres, en ce qu'il auroit
dit auoir veu descharger en la maison dudit Martinier certaines soyes, laquelle maison il auroit dit estre située proche le Con-
uent des Peres Capucins de Saint Chamond, ce qui estoit plus que suffisant pour
le cohuaincre de faux-tesmoignage, veu
que sadite maison n'estoit point proche les
Capucins, & n'y auoit jamais esté, ains en
estoit esloignée de plus de huict cens pas,
& mesmement la riuiere entre-deux, sçauoir en la place du Marché dudit Saint
Chamond au deuant l'Eglise Saint Pierre,
n'ayant jamais demeuré ailleurs ; De sorte
que ce n'estoit point la maison dudit Martinier où ledit Claudinon auoit veu descharger ou deschargé lesdites soyes, & partant estoit condamnable comme de faux
tesmoignage, pour l'auoir voulu charger
d'auoir receu en sa maison vne marchandise qui auoit esté deschargée chez vn autre, pour confirmation déquoy il rappor-
toit vn acte de notorieté de la situation de
sadite maison, auquel Acte, au cas qu'il ne
Nous

Nous pluſt arreſter, conſentoit qu'vn de 1653.
Nous s'y.tranſportat pour eſtre fait Verbal,
à la charge de tous deſpens, dommages &
intereſts, concluoit partant à ce que, veu
ledit acte de notorieté qui faiſoit voir la
fauxceté de ladite depoſition, & en outre
connoiſtre, par vne bonne conſequence,
comme les teſmoins de ladite Information
auoient eſté achettez à prix d'argent pour
leur faire dire ce qu'ils auoient voulu, Il
Nous pluſt ordonner qu'il ſeroit renuoyé
de la fauxce & calomnieuſe accuſation
contre luy improperée, auec deſpens, dommages & intereſts, & de l'Inſtance, joint
les moyens de reproches par luy propoſez,
confirmez par ledit Acte, ladite Requeſte
de luy ſignée & dudit Deſverneys ſon
Procureur, au bas de laquelle eſt l'Ordonnance dudit ſieur de Seue portant acte
d'icelle & jointe au procez, pour en jugeant y auoir tel egar que de raiſon, en
datte du treiziéme de Decembre mil ſix
cens cinquante-deux, ledit Acte de notorieté fait pardeuant Vachon Notaire Royal
dudit Saint Chamond à la Requeſte dudit
Martinier par Meſſire Pierre de Rida Pre-
ſtre, Curé de la Parroiſſe Saint Pierre &
Saincte Barbe dudit Saint Chamond. Meſ-

K 4 ſires

1653. fires Gabriel Pacalon & Eftienne Monti-
clard Preftres focietaires de ladite Eglife,
& fieur François Noyel Capitaine Penon
du Penonnage du Marché dudit Sainct
Chamond, en datte du huictiéme dudit
mois de Decembre mil fix cens cinquante
deux, figné Vachon. Requefte prefentée
par ledit Claude Clapeyron, expofitiue, que
bien qu'il fuft innocent, neantmoins il a-
uoit efté compris en vn procez pourfuiuy
pardeuant Noùs à la Requefte dudit de la
Ruelle, auquel procez on auoit prefuppo-
fé, contre verité, que le nommé Fontanel
auoit voicturé ou fait voicturer des foyes
pour le compte dudit Clapeyron, bien que
ledit Fontanel n'en euft voicturé aucunes.
Bien eftoit veritable qu'au mois d'Octobre
mil fix cens quarante fix, ledit Fontanel
luy auoit vendu, & enuoyé de Saint Ferriol, trois paquets foyes chacun de douze
flottes, ainfi qu'iceluy Clapeyron auoit in-
genuement reconhu & confeffé en la Confrontation que luy auoit efté faite des tefmoins ouys au procez; Et d'autant qu'il
luy eftoit venu à notice que ledit Fontanel
eftoit en cette Ville, il auoit notable intereft de luy faire reconnoiftre fa Lettre du
feptiéme du mois d'Octobre audit an mil
                                          fix

fix cens quarante-fix, contenant l'enuoy 1653.
defdits trois paquets foye, concluoit à ce
qu'il Nous pluſt ordonner ledit Fontanel
eſtre amené pied à pied pardeuant Nous
pour reconnoiſtre ladite Miſſiue, refpondre par ferment fur l'enuoy defdits trois
paquets foyes mentionnez en icelle Lettre,
& s'il n'eſtoit veritable que c'eſtoient des
foyes qu'il auoit vendues audit Clapeyron,
du prix defquelles ils auoient compté, pour
la procedure fur ladite reconnoiſſance, &
l'audition dudit Fontanel eſtre jointe au
procez, pour en jugeant y auoir tel eſgar
que de raifon, & qu'il fuſt paſſé outre pour
ledit amené pied à pied & reconnoiſſance,
nonobſtant oppoſitions ou appellations
quelconques & fans prejudice d'icelles,
ladite Requeſte fignée dudit Clapeyron &
de Mellier fon Procureur, au bas de laquelle eſt l'Ordonnance dudit fieur de Seue portant acte d'icelle & jointe au procez,
pour en jugeant y auoir tel egar que de raifon, en datte dudit jour treiziéme Decembre mil fix cens cinquante-deux, à laquelle eſt attaché la Lettre dudit Fontanel addreſſante audit Clapeyron, contenant qu'il
luy enuoioit trois paquets foyes, chacun
de douze flottes Viuareſtz ; le prioit de

donner

1653. donner à Claude Didier l'vn des porteurs, trente piftoles, car l'homme du fieur Iean Iacquet de Ioyeufe de qui il auoit achetté lefdites marchandifes les attendoit, & outre ce bailleroit trois liures quinze fols pour le port, & que du tout il luy tiendroit compte fur ce que ladite foye monteroit, & luy en enuoyeroit d'auantage qu'il tenoit en fon pouuoir, peferoient le tout, & feroient leur compte, ladite Lettre fignée Fontanel, efcritte de Saint Ferriol le feptieme Octobre mil fix cens quarante fix. Autre Requefte prefentée par lefdits Claude Pecoil & Marcelin Mazenod, à ce qu'il Nous pluft ordonner qu'ils feroient renuoyez abfous de ladite accufation comme calomnieufe, auec defpens, dommages & interefts, & reparation de l'injure & calomnie, fans fe departir, par eux, de la conclufion par eux prife par leur Requefte du premier Decembre mil fix cens cinquante-vn, en cas qu'il y euft preuue par les tefmoins fubornez, ce qu'ils ne croient pas, ladite Requefte d'eux fignée & dudit Gayet leur Procureur, au bas de laquelle eft l'Ordonnance dudit fieur de Seue portant acte & joint au procez, pour en jugeant y auoir tel egar que de raifon, en datté du dixhuictiéme dudit

ludit mois de Decembre mil six cens cinquante-deux. Deux Requeftes prefentées
par les fieurs Preuoft des Marchands & Efcheuins de cette Ville de Lyon, expofitiue,
que le droict de Tiers fur-taux & Quarantiéme leur appartenant, fous le nom de
Nicolas Pierrelot & Philippes Mellier, la
plufpart des Marchands, & particulierement du cofté de Saint Chamond, faifojét
venir les foyes & autres marchandifes par
chemins obliques & detournez, Ils eftoient
par ce moyen fruftrez de leurs droicts; Ils
auroient, pour empefcher tels abus, commis le fieur Baud de cette Ville & plufieurs
autres, qui auroient tenus la Campagne
long-temps, & furpris aucuns des Voicturiers defdites marchandifes hors des chemins qui leur eftoient prefcrits, dont y a-
uoit eu quantité de procedures faites pardeuant Nous à ce fujet; Ses defordres con-
tinuans, le fieur Fermier de la Doüane de
cette dite Ville s'en eftant plaint, ils auroient eu auis qu'il y auoit plufieurs procedures, fur le point d'eftre jugées, contre diuerfes perfonnes conuaincus d'auoir fait
paffer leurs marchandifes fans payer le
droict de Doüane, fe feruant ledit fieur
Fermier des procedures faites à leur pour-
suite.

1653. fuite à grands fraiz ; Quoy qu'il en fuft,
il eſtoit conſtant que nulle marchandiſe né
deuoit le droict de Doüane audit Fermier,
qu'elle ne leur deut auſſi leur droict de
Tiers ſur-taux & Quarantiéme ; & par
conſequent ſi ledit Fermier auoit eſté fru-
ſtré de ſon droict de Doüane, ils l'auoient
auſſi eſté du leur, eſtant certain que s'il y
auoit des marchandiſes ſaiſies & ſujettes à
confiſcation, ou n'y en ayant point, & qu'il
fuſt adjugé des dommages & intereſts audit Fermier de la Doüane pour luy tenir
lieu de ſon droict, ils y deuoient participer
pour l'intereſt qu'ils y auoient ainſi qu'il
eſtoit notoire. Concluoient partant, à ce
qu'il Nous pluſt les receuoir Interuenans
aux procedures faites à la diligence dudit
Fermier de la Doüane ; & en conſequence
de ce leur adjuger leur part afferante en la
confiſcation des marchandiſes, ſi aucunes
il y en auoit d'arreſtées, ſinon aux dommages & intereſts auſquels les contreuenans
pourroient eſtre condamnez, eu egar au
droict qu'ils auroient perceu ſi les marchã-
diſes dont eſtoit queſtion eſtoient venuës
par voyes directes, pourueu & procedé en
outre ſelon raiſon, ladite Requeſte ſignée
de Perrodon leur Procureur, au bas de laquelle

quelle eſt l'Ordonnance dudit ſieur de Se-
e portant acte & joint au procez, pour en
igeant y auoir tel egar que de raiſon, en
latte dudit jour dixhuictiéme Decembre
nil ſix cens cinquante-deux. Tout conſi-
leré, & ouy Mᵉ Pierre Bollioud Mermet
Aduocat du Roy pour le Procureur du
Roy,

IL EST DIT, pour les cas reſultans du
rocez, ſans auoir egar aux Requeſtes pre-
entées par leſdits Clapeyron & Martinier
& jointes au procez le treiziéme Decem-
re dernier, qu'ils ſont condamnez:Sçauoir
edit Clapeyron, en la ſomme de cent liures
nuers le Roy, & en celle de deux cens
iures pour les dommages & intereſts du-
lit demandeur; Leſdits Martinier, Cha-
lel, Martin, Pourra & Crupiſſon, chacun
n l'amende de cent cinquante liures auſſi
nuers le Roy, & en la ſomme de trois
ens liures chacun pour les dommages &
ntereſts dudit Fermier, leſdits Buet, Deſ-
rands & Pollicard en trente liures d'amen-
le chacun, & ſoixante liures de dommages
& intereſts auſſi chacun d'eux enuers ledit
Fermier; Leſdits Henry & Antoine Gayot
reres en deux cens liures d'amende, &
inq cens liures de dommages & intereſts:

Et

1653. Et pour le regar defdits Pecoil & Mazenod, ordonns qu'il en fera plus amplement
informé, defpens referuez, permis audit
demandeur de continuer le procez contre
ledit de Ville, ce faifant, que par faute de
comparoir par luy dans le mois, qu'il fera
pris & apprehendé au corps, & conduit,
fous bonne & feure garde, és Prifons Royaux de cette Ville, pour y eftre detenu
jufques à ce qu'il ayt refpondu, & autrement foit ordonné. Et rendant droict fur
la Requefte defdits Preuoft des Marchands
& Efcheuins de cette Ville, ordonné que
fur les dommages & interefts adjugez audit demandeur, tant feulement leur en fera deliuré leur part afferante, eu egar aux
droicts de Quarantiéme & Tiers fur-taux
qui fe leuent fur les marchandifes en la
Doüane de cette dite Ville : Et font en outre lefdits Policard, Crupiffon, Clapeyron,
Pourra, Buet, Henry & Antoine Gayot
freres, Martin, Chadel, Defgrands & Martinier, condamnez aux defpens, chacun en
ce qui les concerne. Deffences à eux de
recidiuer fur plus grande peine s'il y, efcheoit, & paffé outre à l'execution du prefent Iugement nonobftant oppofitions ou
appellations quelconques & fans prejudice
d'icelles,

d'Icelles, figné Mafcrany Prefidant, Charrier, Confeillers du Roy Treforiers generaux de France au Bureau des Finances eftably à Lyon, Seue Confeiller du Roy en
fes Confeils d'Eftat & priué, Prefidant &
Lieutenant General en la Senefchauffée &
Siege Prefidial de Lyon, Iuftinian Croppet
Confeiller du Roy Maiftre des ports, ponts
& paffages, Bollioud Mermet, Vincent de
Panettes & Vidaud, Aduocats & Procureur du Roy.

Prononcé le quatorziéme Ianuier mil
fix cens cinquante-trois.

Collationné

PERROT Greffier.

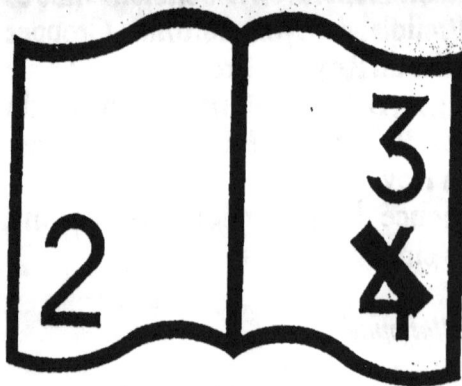

Pagination Incorrecte — date Incorrecte

NF Z 43-120-12

158

Autre Sentence des Iuges de la Doüane
de Lyon du 28. Feurier 1653. par
laquelle sont confisquez quatre Balots
de soye, chargez sur deux Cheuaux,
treuuez nuictamment proche de Cha-
stillon de Michaille sans y auoir con-
signé les droicts de Doüane, & de-
tournez du grand chemin.

L E s Iuges establis par Edict de
sa Majesté pour la Doüane de
Lyon ; Sçauoir faisons, qu'e-
stans au Bureau de la Doüane
s'est presenté Mᵉ Iean Dru
Procureur de Mᵉ Nicolas Pinçon Fermier
& Adjudicataire general des cinq Grosses
Fermes de France, la Doüane de Lyon y
comprise, Qui Nous a dit & remonstré,
que les Gardes establis pour la conseruation des droicts de Doüane, Traites Foraines, & autres deubs à sa Majesté au pays
de Bresse, ayans eu auis qu'aucuns Mer-
chands Molliniers de soye de Nantua, &
autres endroits, faisoient entrer nuictamment en ce Royaume quantité de soyes
sans

fans les consigner au Bureau d'entrée, ny aquitter les droicts deubs à sadite Majesté. La nuict du vingt au vingt-vn de Ianuier dernier ils se mirent aux aguets, s'estant à cet effet transportez aux Frontieres pour empescher telles fraudes, & enuiron deux heures apres minuict ils virent venir certaines personnes conduisans deux cheuaux, ausquels comme ils furent proche d'eux, lesdites Gardes firent commandement de par le Roy & Iustice de s'arrester, & declarer qu'elles marchandises ils conduisoient sur lesdits deux cheuaux, si elles estoient sujettes aux droicts de Doüane, & s'ils auoient consigné és Bureaux d'entrée qu'ils auoient outrepassé, & qu'ils eussent à exiber leurs billets de consigne; Lesquelles personnes au lieu de s'arrester, obeïr audit commandement, & satisfaire à ce que dessus, auroient pris la fuite, abandonné leurs cheuaux, & s'estans euadez à la faueur de la nuict, en sorte que lesdits Gardes ne purent par leurs soins & diligence les atteindre, ny de consequent arrester, comme ils firent lesdits deux cheuaux chargez chacun de deux petits ballots ou paquets soye, qu'ils conduisirent audit lieu de Nantua, où ils les mirent en depost & seurté, com-

L   me

1653. me du tout conſte par le Procés verbal
qu'en fût fait par leſdits Gardes, & par eux
enuoyé audit Pinçon ou à ſes Commis en
cette Doüane, & depuis remis par eux en
noſtre Greffe; En conſequence duquel, &
attendu ladite contrauention faite par leſdits conducteurs, proprietaires de ladite ſoye, aux Edicts & Ordonnances de ſa Majeſté, qui deſirent la conſigne des marchandiſes, entrans en France, eſtre faite auſdits
Bureaux des Frontieres, & que leſdites ſo-
yes ſoient conduites en cette Ville pour y
payer & aquitter les droicts deubs à ſa Majeſté, & pluſieurs aûtres contrauentions que
leſdits Conducteurs ont reconnu auoir
commiſes par leurs ſuites; Et parce que depuis ladite priſe ils ne ſe ſont ozez preſen-
ter, ny auoüer leſdits cheuaux & marchandiſes, par la connoiſſance qu'ils ont de leur
faute & contrauention auſdits Edicts, pour
leſquelles iceluy Dru conclud à ce que leſdits cheuaux & quatre ballots ſoye ſoient
declarez aquis & confiſquez au profit dudit ſieur Fermier, auquel il ſera permis d'en
faire & diſpoſer à ſa volonté conformement à ſon Bail, & ce nonobſtant oppoſitions ou appellations quelconques, & ſans
prejudice d'icelles. Surquoy, apres s'eſtre
le dit

ledit Dru retiré,& veu par Nous le Verbal
fait par Iean Louys Racine Garde particulier au Bureau de Chaftillon de Michaille
des Traittes Foraines, en datte du vingt-
vniefme jour du mois de Ianuier dernier,
contenant, Que fur les aduis à luy donnez
que certains marchands Molliniers de foye
de la ville de Nantua, & autres lieux, faifoient entrer en ce Royaume nuictamment
& obliquemét quantité de foyes fans aquitter les droicts pour ce deubs à fa Majefté,
& les menoient audit Nantua,il auroit efté
obligé, pour le deu de fa charge, de fe
tranfporter la nuict du vingt au vingt-vn
dudit mois de Ianuier fur les Frontieres
pour y veiller & prendre garde, accompagné d'André Ieane, & enuiron deux
heures apres minuict auroit apperceu &
entendu le train de deux cheuaux qui ve-
noient à luy, & s'eftant vn peu deftourné
pour les laiffer paffer, il auroit veu lefdits
cheuaux chargez & conduits par trois perfonnes, lefquels il n'auroit peu connoiftre
à caufe de l'obfcurité de la nuict, & voyant
qu'ils s'acheminoient du cofté de Nantua,
il les auroit fuiuy pas à pas, & lors qu'il
auroit veu qu'ils s'eftoient deftournez du
grand chemin, & auroient outrepaffé ledit

Bureau

63. Bureau de Chastillon de Michalle, où ils deuoient aquitter & payer lesdits droicts d'entrée, enuiron demy quart de lieue il les auroit abordé, accompagné comme dit est, & leur auroit fait commandement de par le Roy & justice de declarer quelles marchandises ils conduisoient sur lesdits cheuaux, & si elles estoient sujettes ausdits droicts, & pourquoy ils ne les auoient aquittées audit lieu de Chastillon de Michalle, où fait leur declaration; Lesquels à mesme instant auroient pris la fuite, & se seroient euadez, sans faire autre responce, sinon que c'estoient des soyes, ce que voyant, il se feroit saisy du tout, & l'auroit conduit audit Bureau de Chastillon, où estant, & ayant fait descharger lesdits cheuaux, & fait ouuerture des quatre ballots dont ils estoient chargez, auroit reconnu que c'estoient soyes pesants ensemble lesdits quatre balots deux cens dix liures brut poids de dix huict onces la liure, apres quoy il auroit remis le tout à Me Gilbert Passerat la Chappelle commis desdits droicts audit Bureau, qui s'en feroit chargé, & promis representer le tout toute fois & quantes qu'il en seroit requis par Iustice, luy faisant deffences de s'en dessaisir jusques à ce qu'il

en

en fut ordonné, à peine d'en respondre en 1653.
son propre & priué nom, le tout par luy fait
à la Requeste de M° Nicolas Pinçon Fermier general des cinq grosses fermes de Fra-
ce, la Douane de Lyon y comprise, lequel
auoit son domicille esleu en la maison &
personne de M° Iean Dru Procureur és
Cours de Lyon, demeurant en la ruë des
trois Maries Parroisse Saincte Croix, ledit
Verbal remis en vostre Greffe par ledit M°
Dru Procureur dudit Pinçon le jour d'hier
vingt - septiesme du present mois de Fevrier, signé par extrait collationné de nostre
Greffier. Tout Consideré, & ouy M°
Pierre Bollioud Mermet Aduocat du Roy
pour le Procureur du Roy,

IL EST DIT, que lesdits deux cheuaux & quatre ballots soyes, sont declarez aquits & confisquez au profit de
sa Majesté, ses Fermiers ou ayans droict,
& ce nonobstant oppositions où appellations quelconques, & sans prejudice d'i-
celles, signé Charier President, Demerle,
Conseillers du Roy Tresoriers Generaux
de France au Bureau des Finances establiy
à Lyon, Seue Conseiller du Roy en ses
Conseils d'Estat & Priué, President, Lieu-
L 3   tenant

653. tenant General en la Seneschauslée &
Siege Presidial de Lyon, Iustinian Crop-
pet Conseiller du Roy, M⁵ des Ports, Ponts
& Passages, Bollioud Mermet, & Vidaud,
Aduocat, & Procureur du Roy.

Prononcé à Maistre Iean Dru Procureur dudit Nicolas Pinçon Fermier de ladite Doüane, en parlant à sa personne.
Acte le vingt-huictiéme & dernier jour
du mois de Fevrier mil six cens cinquante-trois.

Collationné,

PERROT Greffier.

*Autre Sentence des Iuges de la Doüane
de Lyon du 27. May 1654. par laquelle sont confisquez des Cuirs treuuez dans la Blancherie du sieur Cardon, où ils auoient esté entreposez.*

L E s Iuges establis par Edict de
sa Majesté pour la Doüane de
Lyon, sçauoir faisons, qu'au procés extraordinairement poursuiuy à la Requeste de Mr Nicolas Pinçon Fermier, & Adjudicataire general des cinq Grosses Fermes de France,
la Doüane de Lyon y comprise, demandeur
& accusateur; Et Denis Menestrier, Pierre,
François, & Vincent Gerbais dit la Gerba,
deffendeurs & accusez. Veu par Nous
le Verbal fait par les Commis & Gardes
pour la Doüane de Lyon à la porte de Veize le Dimanche jour du mois d'Auril dernier, contenant, que sur l'auis à eux donné que quelques personnes auoient entreposé des marchandises à la Blancherie
du sieur Cardon proche la riuiere de Sosne en allant à l'Isle Barbe, ils se seroient

L 4   transportez

654. tranſportez en icelle pour y faire la viſite, & ſaiſir les marchandiſes entrepoſées, où eſtans arriuez, & s'eſtans addreſſez à vne Seruante, l'auroient enquis où eſtoit le nommé Iacques François Maiſtre Blanchiſſeur de ladite Blancherie, luy faiſant commandement de par le Roy de leur declarer ſi l'on n'auoit point entrepoſé des marchandiſes dans ladite Blancherie, laquelle leur ayant reſpondu que ledit François ſon Maiſtre ny eſtoit pas, & qu'elle ne ſçauoit ſi on auoit entrepoſé des marchandiſes en ladite Blancherie, que n'eſtant que Seruante elle ne ſe meſloit point de ſes choſes là, Ils ſeroient entrez dans ladite Blancherie, où ayans fait viſite, auroient treuué ſous vn Chapit couuert de paille vn monceau de fagots de buiſſons, au deſſus duquel il y auoit quelques aix, blot de bois, & pacquets de Futaines ou Toilles, lequel monceau ayant decouuert, auroient treuué dans iceluy vne máſſe de Cuirs habillez, empillé, & tres bien ajancez les vns ſur les autres, leſquels ayans reconnus, ſe ſeroient addreſſez à quelques ſeruiteurs de ladite Blancherie treuuez dans icelle, auſquels ayans fait commandement de par le Roy, de declarer qui auoit entrepoſé leſdits.

Cuirs

Cuirs dans ladite Blancherie, auroient respondu ne le sçauoir, ce qui auroit obligé
deux desdits Commis & Gardes de retourner au Bureau de ladite Doüane pour faire
rapport dudit Entrepost à l'Intendant d'i-
celle: Ce qu'ayāt fait, il leur auroit ordonné
d'aller saisir lesdits Cuirs, iceux enleuer &
conduire audit Bureau; A quoy obeissans,
ils auroient mené trois des Portefaix de ladite Doüane en ladite Blancherie pour faire ledit enleuement, où ayans treuué vn
jeune homme se disant nepueu dudit Maistre Blanchisseur, & lequel agit & fait ses
affaires à cause de sa vielesse & caducité,
auquel s'estans addressez, & fait commandement, comme dessus, de leur declarer
quelles marchandises auoient esté entreposées en ladite Blancherie, leur auroit fait
responce que veritablement pour faire plaisir à certains ses amis, il auroit permis l'Entrepost de certains Cuirs dans ladite Blancherie, & luy ayans lesdits Gardes enjoint
de les leur exiber, les auroit conduit sous
ledit Chapit, où ayans reconnus lesdits
Cuirs, & luy ayans remonstré qu'il ne pouuoit auoir permis ledit Entrepost sans contreuenir directement aux Ordonnances du
Roy, & declaré l'ordre qu'ils auoient d'en-

L 5   leuer

654. leuer & conduire lesdits Cuirs au Bureau
de ladite Doüane, leur auroit dit qu'il ne
croioit auoir fait aucune faute en souffrant
ledit Entrepost, & que pour l'enleuement
d'iceux il n'y pouuoit consentir, que le Marchand auquel ils appartenoient ne fust present & consentant; A quoy lesdits Gardes
ne voulans aderer, auroient enjoint ausdits
Portefaix de porter lesdits Cuirs, & les
charger dans deux Besches qu'ils auoient
mené à cet effet proche ladite Blancherie;
Ce qu'ayans fait, & presque acheué ledit
enleuement, & chargé lesdits Cuirs dans
lesdites Besches, seroient suruenus trois
Quidams, lesquels estans entrez en ladite
Blancherie, l'vn d'iceux s'adressant auec
grande furie au nommé Chastaigniers l'vn
desdits Gardes, se seroit pris à luy dire,
mort Dieu qu'auez vous à faire à cette marchandise, & qui l'auoit fait si hardy d'en
prendre connoissance, & d'en faire faire
l'enleuement: A quoy ledit Chastaigniers
auroit respondu qu'il ne suiuoit que le
commandement que luy auoit fait l'Intendant en ladite Doüane, à quoy repliquant
ledit Quidam auec grande furie, que mort
Dieu cette marchandise ne deuoit rien à
personne, & que l'on ne l'enleueroit point,

&

& d'effet auroit empefché lefdits Portefaix
de parachéuer l'enléuement defdits Cuirs:
Et ayant ledit Chaftaigniers reconnu que
fous certain monceau de paille proche lef-
dit Chapit, y auoit vn paquet ou fac remply
de quelque chofe, & qui eftoit couuert de
certains petits fagots, fe feroit addreffé au
fufdit nepueu dudit Blanchiffeur, luy enjoignant de par le Roy, qu'il eût à faire
voir ce qui eftoit dans ledit fac, lequel fe
feroit mis en grand collere, & prenant lefdits fagots, de furie auroit dit, mort voulez
vous voir ce que c'eft, foutre le voila, voulez vous voir jufques dedans mon lict ; Ce
que voyant ledit Chaftaigniers, & jugeant
auec les autres Commis, Gardes, & Portefaix, que l'on ne tendoit qu'à faire émotion
afin de prendre fujet de les frapper & maltraiter, & mefmes que plufieurs Valets tant
de ladite Blancherie que d'ailleurs s'affem-
bloient en grande quantité jufques au
nombre de quarante ou cinquante, preno-
ient des pierres en main auec femblant de
les en maltraiter, auroient efté contrains
de fortir promptement de ladite Blancherie, & fe fauuer, laiffant lefdits Cuirs à la
mercy defdits Quidams, pour n'auoir la
force en main de refifter à leur violance,
&

1654. & ayans esté faire leurs plaintes desdites
violances & empeschemens audit enleuement audit sieur de Baignaulx Intendant
en ladite Douane, il auroit fait appeller le
sieur Bourgeois-Visiteur & Garde general
en ladite Douane, & Masson Controlleur
au Bureau des cinq pour cent en icelle, ausquels ayant enjoint de se transporter auec
eux en ladite Blancherie pour s'informer
desdites rebellions, & prester main-forte à
l'enleuement desdits Cuirs; Iceux obeissans,
se seroient transportez auec eux, & les Portefaix qui auoient trauaillé audit enleuement, jusques proche ladite Blancherie, &
au lieu où ils auoient laissé lesdittes Besches chargées desdits Cuirs, où estans auroient treuué lesdites Besches vuides & deschargées, & vne Charette à trois cheuaux
aupres, où quantité de Valets de ladite
Blancherie trauailloient à outranse à charger ladite Charrette desdits Cuirs qu'ils
auoient tiré desdites Besches, qu'en voyant
ledit Bourgeois auroit fait commandement
de par le Roy ausdits Valets, de luy declarer où ils pretendoient mener lesdits Cuirs,
& pourquoy ils les auoient sorty desdites
Besches, & de luy declarer leurs noms;
Lesquels luy ayant respondu qu'ils les vou-
                                        loient

loient retourner au lieu où ils les auoient 1654.
pris, qu'ils ne faisoient que ce que leur Maistre leur faisoit faire, & partie d'iceux
baillé leurs noms, & les autres ne l'ayans
voulu faire, & voulant ledit Bourgois se
transporter auec eux en ladite Blancherie
pour faire enleuer le reste desdits Cuirs, Il
auroit fait rencontre dudit nepueu du Maistre Blanchisseur, accompagné du susdit
Quidam qui auoit empesché l'enleuement
desdits Cuirs, auquel voulant remonstrer la
faute qu'il faisoit de permettre lesdites violances, luy faisant commandement de declarer son nom & surnom, ledit Quidam
auroit pris le party, disant audit Bourgeois,
en vertu, & par quel pouuoir il deman-
doit le nom & surnom dudit nepueu, auquel ledit Bourgois ayant reparty que
c'estoit par le mesme pouuoir qu'il auoit
de luy demander le sien, lequel il luy faisoit commandement de luy declarer, ce
que ne voulant faire, auroit dit par derision
& en se moquant, qu'il s'appelloit Vincent,
& que quand il verroit le pouuoir dudit
Bourgeois il luy declareroit son surnom, &
qu'il le connoissoit bien : Et estans entrez
en ladite Blancherie, auroient treuué le
reste desdits Cuirs sous ledit Chapit, lesquels

1654. quels ledit Bourgeois voulant faire enleuer
par lefdits Portefaix, ledit Quidam feroit
furuenu, lequel entre plufieurs paroles in-
jurieufes, tant cõtre ledit Bourgeois qu'eux,
auroit proferé par plufieurs fois, que fi
lefdits Cuirs luy apartenoient il empefche-
roit bien qu'on ne les enleueroit pas; Et
s'eftant enquis qu'eftoit ledit Quidam, auroient apris qu'il fe nommoit la Gerba, Voiturier par eau de Saint Vincent fur la riuiere de Sofne, & le mefme qui auoit voituré
lefdits   's jufques dans ladite Blancherie, & de plus nepueu du Maiftre Blanchiffeur; Et ayans paracheué d'enleuer lefdits
Cuirs, auroient enjoint au Conducteur de
la Charette fur laquelle lefdits Valets de
Blancherie auoient chargé lefdits Cuirs, de
les conduire audit Lyon au Bureau general
de ladite Douane, & le refte qui n'eftoit pu
demeurer fur icelle, auroient mis & chargé
dans l'vne defdites Befches, le tout conduit
au Bureau general de ladite Douane, &
remis entre les mains de Me André Clau-
ftrier Concierge en ladite Douane, auec
deffences de s'en deffaifir jufques autrement par Nous euft efté ordonné; dont &
du tout ils auroient fait & dreffé ledit Verbal à la Requefte dudit Me Nicolas Pinçon,
pour

pour luy feruir & valoit en temps & lieu 1654
ce que de raifon, lequel ils auroient figné
& cettifié veritable, au bas duquel eft l'Ordonnance rendue par Monfieur M᷄ Pierre
de Seue Prefidant & Lieutenant general en
la Senefchauffée & Siege Prefidial de
Lyon, fur la requifition de M᷄ Iean Dru Procureur dudit Pinçon, portant acte de la remife par luy faite au Greffe dudit Verbal;
qu'il eftoit permis audit Pinçon de faire
informer du contenu en iceluy, enfemble
de le faire rediger en depofition, à ces fins
que lettres neceffaires luy feroiët deliurées
pour ce faire, & ce nonobftant oppofitions
ou appellations quelconques & fans prejudice d'icelles, en datte du treiziéme jour
du mois d'Auril dernier, le tout figné par
extrait de noftre Greffier. La Commiffion fur icelle deliurée audit Pinçon fignée de noftre Greffier, au bas de laquelle
eft l'Exploit d'affignation baillée à neuf tefmoins, en datte dudit jour treiziéme Auril,
fignée Voifin Huffier Audiancier en la Senefchauffée & Siege Prefidial de Lyon.
L'Information faite pardeuant ledit Sieur
de Seue à la Requefte dudit Nicolas Pinçon compofée de neuf tefmoins, en datte
des treiziéme, quatorziéme, & quinziéme
dudit.

1654. dudit mois d'Auril, en fuite de laquelle est
l'Ordonnance dudit Sieur de Seue auffi
rendue fur la requifition dudit Dfu, portant que ledit Gerbais feroit prins au corps,
mene & conduit fous bonne & feure garde
és prifons Royaux de cette Ville, pour y
eftre detenu jufques à ce qu'il euft refpondu & autrement fuft ordonné, & que lefdits
Iacques, François, & fon nepueu, comme
auffi ledit Menetrier, feroiet adjournéb pô
refpondre par leur bouche fur le contenu
audit Verbal, charges & informations, circonftances & dependances, & ce honob-
ftant oppofitions ou appellations quelconques & fans prejudice d'icelles, ladite Ordonnance en datte dudit jour quatorziéme
Auril, le tout figné par collation de noftre
Greffier. La Commiffion audit Pinçon deliuré fur icelle le mefme jour, fignée de noftredit Greffier, au bas de laquelle eft vn
Exploit de perquifition faite par ledit Voifin Huiffier, de pouuoir apprehender ledit
Gerbais, pour le contraindre conformement à ladite commiffion, en datte du lendemain quinziéme dudit mois d'Auril, &
l'Exploit d'affignation baillée par ledit Voifin aufdits Iacques, François, & fon nepueu,
le tout figné dudit Voifin. Les Refponces
                                    perfonnelles

personnelles desdits Denis Meneftrier, &
Pierre François, faites pardevant ledit sieur
de Seue le vingt-vniéme dudit mois d'Auril
signées de noftredit Greffier. Les Refponces perfonnelles dudit Vincent Gerbais dit
la Gerba, auffi faites pardeuant ledit sieur
de Seue le vingt-huictiéme du mefme mois,
en fuite defquelles eft fon Ordonnance, portant que ledit Gerbais eftoit delaiffé en état
d'adjourné en perfonne apres qu'il auoit conftitué Procureur & éleu domicile, & promis
de fe reprefenter à toutes affignations. Et
autre Ordonnance renduë fur la requifition
dudit Dru Procureur dudit Pinçon, portant que les témoins ouïs en l'information
dudit Pinçon feroient affignez pour eftre recolez en leurs depofitions, & confrontez
aufdits Gerbais, Meneftrier, & Pierre François, comme auffi que lefdits Gerbais, Meneftrier & François, feroient affignez pour
fouffrir ladite Confrontation, auec intimation que par faute de comparoir par eux à
l'Affignation qui leur feroit donnée, le
Recol qui feroit fait defdits tefmoins, à
leurs depofitions, tiendroit lieu de fuffifante confrontation à leur contumaço, & ce
nonobftant oppofitions ou appellations
quelconques, & fans prejudice d'icelles.
M. Autre

1654. Autre Ordonnance en suite rendue par Monsieur Dusauzey, l'vn de Nous, sur la requisition dudit Dru Procureur dudit Pinçon, portant que default luy estoit octroyé contre lesdits Menestrier, Gerbais, & François, & qu'ils seroient reassignez pour souffrir ladite Confrontation, & à faute de ce faire, que le Recol qui seroit fait desdits tesmoins, à leur deposition, tiendroit lieu de suffisante confrontation à leur contumace, & ce nonobstant oppositions ou appellations quelconques & sans prejudice d'icelles, en datte du vingtneufuiéme dudit mois d'Auril, le tout signé de nostre Greffier. Les Commissions audit Pinçon deliurées sur icelles ledit jour vingneufuiéme Auril signées de nostre Greffier, au bas desquelles sont les Exploits d'Assignations données tant aux tesmoins ouys en l'Information dudit Pinçon, que ausdits Menestrier, François, & Gerbais, signées dudit Voisin Huissier. Le Recol fait des tesmoins ouys en l'Information dudit Pinçon, à leur deposition, pardeuant ledit sieur Dusauzey les trentiéme dudit mois d'Auril, cinquiéme, & sixiéme du present, en suite duquel est l'Ordonnance rendue par ledit sieur Dusauzey ledit jour cinquiéme du present

présent sur la requisition de Dru Procureur dudit Mᵉ Nicolas Pinçon portant acte
desdites requisitions, & que lesdits Menestrier & François constitueroient Procureur, & esliroient domicile en ce cette Ville, autrement tenu pour esleu en la maison
& personne de leur Procureur, & que par
faute de comparoit par ledit Gerbais comme deuant, sur l'heure de quatre, Deffaut
estoit donné & octroyé contre luy, pour le
profit duquel, ordonné que le Recol fait
desdits tesmoins, à leur deposition, tiendroit lieu de suffisante Confrontation à son
egar à sa contumace, & acte de la consti-
tution de Procureur & eslection de domicile faite par lesdits Menestrier & François,
& promesses de se representer à toutes assignations, & qu'il seroit passé outre nonobstant oppositions ou appellations quelconques, & sans prejudice d'icelles: Et la
signification d'icelle Ordonnance à Mᵉ
Mellier Procureur dudit Gerbais, en parlant à Bonjour son Clerc principal le mesme jour, le tout signé de nostredit Greffier.
La confrontation faite des tesmoins oüys
en ladite Information, ausdits Menestrier,
François, & Gerbais, pardeuant ledit Sieur
Dusauzoy le trentiéme dudit mois d'Avril,

M 2   cinquiéme

554. cinquiéme & sixiéme dudit présent mois
de May : Ensemble l'Ordonnance par ledit
Sieur Dusauzey renduë ledit jour cinquiéme du present, portant acte des requisitions
& protestations faites par ledit Dru Procureur dudit Pinçon, & que les tesmoins
oüys en l'information dudit Pinçon seroient reassignez à côparoir ledit jour deux
heures de releué, pour estre recollez à leurs
depositions, & confrontez ausdits accusez;
lesquels à mesmes fins seroient assignez à
ladite heure pour souffrir ladite confrontation, auec intimation qu'à faute de comparoir par eux, le Recol qui seroit fait
desdits tesmoins, à leurs depositions, tiendroit lieu de suffisante confrontation à leur
contumace, & qu'il seroit passé outre nonobstant oppositions ou appellations quelconques, & sans prejudice d'icelles. Autre
Ordonnance dudit Sieur Dusauzey renduë en la presence dudit Gerbais, portant
que le lendemain sixiéme du present, il seroit procedé à la continuation de ladite confrontation auec les tesmoins re-
stans, & que par faute de comparoir par
iceluy Gerbais, le Recol par luy fait desdits
tesmoins, à leurs depositions, tiendroit lieu
de suffisante confrontation, & ce nonobstant

ſtant oppoſitions ou appellations quelcon- 1654
ques, & ſans prejudice d'icelles. Et autre
Ordonnance dudit Sieur Duſauzey enſuite
ledit jour ſixiéme du preſent portant acte
de la confrontation deſdits teſmoins auſdits
accuſez, & que le tout ſeroit communiqué
audit Pinçon pour bailler ſes concluſions
pour ce faict, & le tout remis entre ſes
mains, & rapporté au preſent Bureau eſtre
ordonné ce que de raiſon, le tout ſigné de
noſtredit Greffier. La Commiſſion audit
Pinçon deliurée ſur la ſuſdite Ordonnance
du cinquiéme du preſent, pour faire aſſigner
leſdits teſmoins, pour eſtre récolez à leurs
depoſitions, & confrontez auſdits accuſez,
enſemble leſdits accuſez pour ſouffrir ladite
confrontation ſignée de noſtre Greffier, au
bas de laquelle eſt l'Exploit d'aſſignation
baillée tant auſdits teſmoins que accuſez le
meſme jour cinquiéme du preſent par ledit
Voiſin Huiſſier. Les Concluſions ciuiles
dudit Nicolas Pinçon par leſquelles il concluoit, pour ſon intereſt, à ce que leſdits
accuſez fuſſent ſuffiſamment declarez at-
taints & conuaincus des contrauentions aux
Edicts & Ordonnances de ſa Majeſté ſur
le faict des Douanes, violances, deſobeiſ-
ſances à Juſtice, & autres cas à eux impo-
ſez,

54. fez, pour reparation defquels ils fuffent condamnez folidairement en l'Amende de deux mil liures, à luy profitable pour fes dommages & interefts, les marchandifes faifies, déclarées acquifes & confifquées à fon profit ; comme auffi le Batteau dudit Gerbais qui les auoit voiturées, enfemble les meubles eftans en la maifon dudit François, & qu'à la reprefentation du tout les gardiateurs, depofitaires, & ceux qui s'en treuueroient faifis, fuffent contrains, ou de luy en payer la jufte valeur ; fe rapportant ledit Pinçon à Meffieurs les Gens du Roy de requerir, pour l'intereft du public, la punition condigne à la defobeiffance & violance commife par lefdits accufez, & que deffences fuffent faites audit François, de receuoir ny entrepofer, cy-apres, en fadite Maifon & Blancherie, aucunes marchandifes fujettes aux droicts de Douane, audit Meneftrier d'en defcharger ny faire defcharger, & audit Gerba, d'en plus entrepofer qu'elles n'ayent efté conduites en cette Ville, à peine de punition exemplaire, & autres portées par les Edicts de fa Majefté, & aux defpens des procedures, lefdites Conclufions fignées dudit Dru fon Procureur. Inuentaire de production defdites

pieces

pieces figné de Voifin Clerc principal dudit Dru. Les Remonftrances faites pardeuant ledit fieur Dufauzey le vingtneufuiéme Auril prefente année, par Mᵉ Humbert
Dumont Procureur dudit Denis Meneftrier en la prefence dudit Dru Procureur
dudit Nicolas Pinçon, & fon Ordonnance
portant acte defdites Remonftrances, declaration & confentement des parties, &
fauf & fans prejudice de leurs droicts, que
lefdites marchandifes feroient baillées &
deliurées audit Meneftrier, en baillant par
luy bonne & fuffifante caution de la valeur
d'icelles, & du jugé, ou de les reprefenter
(en l'eftat qu'elles luy feroient remifes)
lors du Iugement du procez, eftimation
prealablement faite d'icelles par Expers,
dont les parties conuiendroient pardeuant
luy, enfemble la Nomination defdits Expers, apres la declaration faite par ledit Du-
mon de n'en vouloir. Le Rapport & Eftimation par lefdits Expers faite defdites marchandifes en fuite de ladite Ordonnance,
& la Nomination des Cautions par ledit
Meneftrier preftées pour l'execution de la
fufdite Ordonnance. L'Ordonnance dudit fieur Dufauzey portant acte des requifitions, proteftations & remonftrances des

parties,

654. parties, & qu'en suite de la susdite Ordonnance lesdites Cautions estoient receües, & en consequence, que lesdites marchandises seroient delivrées audit Menestrier ausdites Cautions, & qu'à ce faire ledit Pinçon ou ses Concierges seroient contraints par emprisonnement de leurs personnes, & acte des promesses respectivement faites par lesdites Cautions, de rendre & restituer lesdites marchandises lors & quand seroit ordonné, ou payer la somme à laquelle elles auroient esté estimées, ensemble le jugé; Et qu'à l'execution d'icelle il seroit passé outre nonobstant oppositions ou appellations quelconques, & sans prejudice d'icelles, au bas de laquelle est la signification faite d'icelle audit M⁴ Dru Procureur dudit Pinçon, contenant les protestations par luy faites de se pourvoir contre ladite Ordonnance renduë au prejudice des Edicts & Ordonnances de sa Majesté, & pour avoir deu estre renduë au present Bureau au rapport de M⁴ de Seve President & Lieutenant General, & Commissaire en cette partie, le tout signé de nostre Gref-fier. Requeste à Nous presentée par ledit Menestrier, expositive: Qu'il auroit fait charger vn Batteau de quelques cuirs de

Boeufs,

Bœufs, Vaſches & Cheuaux, au port de 1654.
Gianon au pays de Bourgogne, pour
conduire ladite Marchandiſe en cette Ville,
& d'autant que la totalité de ladite Marchandiſe n'eſtoit ſeche, les voicturiers, conducteur d'icelle, auroient, pour empeſ-
cher l'infection qu'elle eût peu apporter
dans la Ville, deſchargé celles qui n'e-
ſtoient ſeches, & qui eſtoient mouillées, &
les autres auroient eſté conduites au Bureau de la Douane Saint Vincent, où eſtans,
& en meſme temps fût declaré qu'il y en
auoit d'autres en la Blancherie du Sieur
Cardon, en quantité de quinze douzaines
cuirs de Vaſches, quarante cuirs de Bœufs,
& quelques cuirs de Cheuaux, que l'on
ameneroit au plûtoſt incontinant qu'ils ſeroient ſecs. Du depuis leſdits cuirs auroient
eſté eſtendus au long de la riuiere de Soſne
& ſur le grand chemin tendant de Veize à
l'Iſle-Barbe, & au deuant la ſuſdite Blancherie & dans icelle, pendant le jour & à
l'aſpect d'vn chacun, & le ſoir, pour obuier
à la perte, l'on reſerroit icelle dans ladite
Blancherie, dequoy ayans eſté les Commis
du Fermier de la Douane aduertis, ils ſe
ſeroient tranſportez audit lieu le douzieme
Auril dernier, où eſtans, & faiſans connoiſtre

M 5   à

654. à quelles fins ils estoiẽt là audit Menestrier, qui n'auoit jamais negocié en semblable Marchandise en ce pays, au contraire au lieu de descendre elles montoient. Il auroit dit ausdits Commis, que c'estoit qu'ils desiroient, qui luy ayans dit qu'il falloit conduire icelle à la Doüane, & qu'elle meritoit confiscatiõ, iceluy Menestrier auec des Portefaix s'ayda à charger icelle sur les Charrettes, bailla trente sols à ceux qui s'aydêrẽt à la charger auant luy, qui faisoit voir qu'il n'auoit aucunement delinqué ny contreuenu, & n'auoit nullement sçeu s'il n'estoit pas permis de faire semblables descharge-mens, attendu l'vrgente necessité. Que par les remonstrances par luy faites pardeuant ledit Sieur Dusauzey il auoit establi ses faits, qui estoient, que l'on auoit tort de le poursuiure en contrauention pour auoir deschargé en la Blancherie du Sieur Cardon, & au deuant icelle, qui estoit au bord de la riuiere de Saône, qu'il est Marchand Tasneur de la Ville de Nuirz, qu'il n'auoit jamais amené semblables Marchandises en cette Ville, qu'il les auoit venduës dans le pays, que le premier Mardy du Caresme dernier les nommez Bruyas & Moyroud Marchands de cette Ville l'estans allé treuuer

uer audit Nuitz, il leur fift compagnie à 1654,
Dijon où ils voulurent acheter de Cuirs,
qu'eftans reuenus audit Nuitz, il leur fift
voir partie de fes Cuirs, qui eftoiét encores
pour lors dans les foffes, qu'ils entrerent en
marché fans pouuoir rien refoudre, que peu
apres le nommé la Gerba eftát allé en Bour-
gongne, auec des Batteaux, luy fit entendre que lefdits Bruyas & Moyroud auoient
grande enuie d'auoir lefdits Cuirs au plu-
toft & dans la Semaine fuiuante, que fur
cèt auis il les fift mener au port de Gla-
non, bien que la plufpart d'iceux ne fuffent fecs, qu'audit lieu ils furent mis dans
vn Batteau pour les conduire en cette Ville, qu'eftans arriuez à Riotty le Samedy
auant le Dimanche auant les Rameaux, il
vint en cette Ville, dit aufdits Bruyas &
Moyroud qu'il auoit amené lefdits Cuirs,
qui luy ayans demandé s'ils eftoient fecs,
il leur dit qu'il n'y en auoit qu'vne partie,
que luy ayans dit qu'ils ne fe pouuoiét vendre en cèt eftat, il leur demanda s'il y auoit
place dans la Ville pour les faire fecher, &
luy ayans dit que non, attendu la quantité.
Que ledit Batteau eftant à l'Ifle le Lundy
de la Semaine Sainéte, lefdits Bruyas &
Moyroud y furent pour les voir, que les
                                    ayans

1654. ayans veu ils dirent qu'ils iroient quérir
ceux qui estoient secs, qu'il leur dit d'y
aller quand ils voudroient, qu'ils payassent
la Douane de ceux qui estoient secs, qu'ils
denonceassent qu'il y en auoit plus grande quantité deuant ladite Blancherie que
l'on vouloit faire secher & acquitter la
Douane, qu'en suitte, & le lendemain, lesdits Moyroud & Bruyas estans allez audit
lieu ils prirent ceux qui estoient secs, les
consignerent à la Douane Saint Vincent,
& en mesme temps declarerent qu'il y en
auoit d'autres en ladite Blancherie en quantité de quinze douzaine cuirs de Vaches,
quarante cuirs de Bœufs, & quelques cuirs
de Cheuaux, que l'on ameneroit incontinent qu'ils seroient secs en ladite Douane.
Que depuis l'on auroit estendu plusieurs
Cuirs sur le bord de la riuiere de Sosne pour
les faire secher, & mesmes dans partie de
ladite Blancherie où il n'y auoit des Toilles,
& où ils demeuroient pendant le jour, &
apres estoient remis dans ladite Blancherie
sous vn Couuert garny de paille, lequel estoit ouuert de toutes parts Que pour establir
dauantage ses faits, il auoit loué en cette Ville vne Boutique ou Magazin rue de la Grenette, pour deposer ses Cuirs incontinent
qu'ils

qu'ils auroient esté secs, & lesquels ne pouuoient estre traduits en ladite Boutique
qu'ils ne fussent entrez, & pour les entrer
il faloit payer ledit droict de Doüane; Que
lesdits Commis & Gardes ne pouuoient deposer qu'en faueur de leur Maistre qui les
tient à gage, & qu'il ne se treuueroit qu'il
eust jamais amené semblables marchandises en cette Ville, laquelle ne pouuoit estre
conduite ailleurs qu'en icelle, & que s'il
eust eu ce dessein il ne s'en seroit pas tant
approché, ce qui ne se pouuoit faire secret-
tement pour en oster la connoissance, attendu que c'est vne marchandise de grand
volume, laquelle estoit deballée & deplo-
yée à l'aspect & veüe de tous les passans, &
qu'il y auoit eu cause d'en vser de la sorte,
sçauoir pour mettre ladite marchandise
en estat d'estre venduë, à l'effet de quoy il
falloit qu'elle fust entierement seche, outre
qu'il auoit satisfait, quoy que fust, lesdits
Moyroud & Bruyas pour luy, à tout ce que
l'on pouuoit desirer, par le moyen de la declaration faite par eux au Bureau de la
Doüane Saint Vincent; Ce qui auoit esté si
bien reconnu par le sieur de Baignoulx Directeur en ladite Doüane, qu'il auoit consenty que ladite marchandise luy fust deli-
ureé

1654. urée à caution, estimation préalablement
faite, pour empefcher le peril d'icelle. Concluoit ledit Menestrier, à ce qu'il Nous pluft,
pour la justification de son droict, ordonner
qu'il seroit receu à la preuue desdits faicts,
& autres contenus au Registre du vingtneufuiéme Auril dernier, & sur le Resultat
de ses respohces, pour l'Enquefte faite, &
rapportée pardeuers Nous, eftre rendu
droict diffinitiuement aux parties, auec
defpens, dommages, interefts, & de l'Inftance, ladite Requefte fignée dudit Meneftrier, au bas de laquelle eft l'Ordonnance dudit fieur Dufauzey, portant qu'elle
feroit fignifiée & jointe, en datte du feptiéme du prefent, & l'Exploit de fignification
faite d'icelle audit Pinçon par Balmont Sergent Royal, en parlant à Me Iean Dru fon
Procureur, en datte du vingtiéme dudit.
Autre Requefte par ledit Meneftrier à
Nous prefentée, expofitiue, Que ledit Pinçon Fermier de la Doüane, pretendant
qu'il euft contreuenu, en ce qu'il n'auoit
pas defchargé toute fa marchandife dans
la Doüane de cette Ville, & qu'il n'auoit
icelle configné, Iceluy Meneftrier Nous
auroit baillé Requefte, par laquelle il auroit eftably tous les faits qu'il entendoit
verifier

verifier, pour faire voir qu'il n'auoit aucunement contreuenu ; Et afin de les circon-
stancier encores plus particulierement, &
adjoustant à ceux designez en sadite Requeste, Nous supplioit d'obseruer ; Que
lors que la marchandise qui estoit, seche fust consignée & aquitée à la Doüane,
fust denoncée la marchandise qui n'estoit
seche, & que lors de ladite denonciation,
fust demandé vn Billet d'aquit & de denonciation, lequel les Commis de la Doüane refuserent, disans que quand l'on feroit
entrer le restat de la marchandise, que l'on
paracheueroit de payer, & ainsi, qu'il n'e-
stoit besoin d'aucun billet, & qu'il suffisoit
de la denonciation que l'on auoit faire.
Concluoit iceluy Menestrier, à ce qu'il
Nous plust luy permettre de verifier les
faits posez en la precedente Requeste, que
ceux cy-dessus circonstanciez, ladite Requeste signée de Dumont son Procureur,
au bas de laquelle est l'Ordonnance dudit
sieur Dusauzev en datte de ce jourd'huy,
portant acte d'icelle ; Qu'elle seroit communiquée audit Pinçon & jointe au procez,
pour en jugeant y auoir tel égard que de
raison, & la signification faite d'icelle audit
Dru Procureur dudit Pinçon par Roulliet
                                    Huissier

1654. Huiſſier au Bureau des Finances en datte du meſme jour. Tout conſideré,& oüy ledit Dru Procureur dudit Pinçon, aſſiſté du Sieur de Baignaulx Directeur General en ladite Doüane, qui a dit que les Ordonnances de ſa Majeſté luy fourniſſent de matiere ſuffiſante pour ſouſtenir, comme il fait, les faits par ledit Meneſtrier articulez tant par la Requeſte à luy preſentement ſignifiée,que par la precedente,leſquels ils ne repetera, perciſtant aux Concluſions par luy cy-deuant priſes ; leſquelles il eſt ſans difficulté,par les raiſons & moyens propoſez en icelles, qu'elles luy doiuent eſtre faites,& adjugées;notamment,ſi l'on conſidere, que la denonciation que pretend ledit Meneſtrier auoir eſté faite,n'a eſté faite par luy, ny aucuns de ſes Seruiteurs ny Agens, ains par tierces perſonnes, & laquelle de conſequent,quand elle ſeroit veritable,ce que non,elle ne peut eſtre conſiderable;Surquoy,apres s'eſtre leſdits Dru & de Baignaulx retirez, & oüy Mᵉ Pierre Bollioud Mermet Aduocat du Roy, pour le Procureur du Roy.

IL EST DIT, ſans auoir égard aux Requeſtes incidentes preſentées par ledit
Meneſtrier

Meneſtrier,& jointes au Procez les ſeptiéme & vingt-ſeptiéme du preſent mois, pour 1654. la contrauention faite par leſdits Meneſtrier,François & Gerbais,aux Edicts & Ordonnances de ſa Majeſté pour le fait des Doüanes, que leſdites marchandiſes ſont declarées acquiſes & confiſquées au profit de ſadite Majeſté, ſes Fermiers où ayans droict, leſdits Meneſtrier, Gerbais & François, condamnez chacun en trente liures d'amende ſolidairement,& aux deſpens des procedures. Sçauoir ledit Meneſtrier en la moytié d'iceux, & l'autre moytié par leſdits François & Gerbais, & pour raiſon de la violance, & pretenduë rebellion deſdits Gerbais & François, que les parties ſont miſes hors de Cour, deffences auſdits Meneſtrier, François & Gerbais, de recidiuer ſur plus grandes peines, & paſsé outre nonobſtant oppoſitions ou appellations quelconques, & ſans prejudice d'icelles, ſigné Maſcrany Preſident, Guillard Conſeillers du Roy, Treſoriers Generaux de France au Bureau des Finances eſtably à Lyon. Duſauzey Conſeiller du Roy, Lieutenant particulier en la Seneſchauſſée & Siege Preſidial de Lyon. Iuſtinian Croppet Conſeiller du Roy, Maiſtre des

N   Ports

1654. Ports, Ponts & Paſſages. Bollioud Mermet,
& Vincent de Panettes, Aduocats du Roy.
Prononcé le vingt - ſeptiéme May mil
ſix cens cinquante - quatre.

Collationné,

PERROT Greffier.

Autre

Autre Sentence des Iuges de la Doüane
de Lyon du 18. Decembre 1654. par
laquelle les nommez Simond & Cha-
uaſſù ſont condamnez en l'amende de
trente liures, & aux deſpens, pour
auoir entreposé deux Charrettes dans
le Logis du Chapeau rouge au Faux-
bourg de Veize.

L E s Iuges eſtablis par Edict de
ſa Majeſté pour la Doüane de
Lyon, ſçauoir faiſons; Qu'eſtans
au Bureau de ladite Doüane ce
jourd'huy Ieudy dixſeptiéme
Decembre mil ſix cens cinquante-quatre,
en l'abſence du ſieur Maiſtre des Ports,
Ponts & Paſſages, & apres que l'Huſſier de
ſeruice Nous a rapporté iceluy n'eſtre en
Ville; s'eſt preſenté Mᵉ Iean Dru Procureur de Mᵉ Nicolas Pinçon Fermier,& Adjudicataire general des cinq groſſes Fermes
de France, la Doüane de Lyon y compriſe, aſſiſté de ſieur Philippes de Baigneaulx
Controlleur general, Intendant dans ladite
Doüane; Qui Nous a dit, que les Gardes

654. de ladite Douane eſtablis aux Portes du Fauxbourg de Veize, ayans eu auis que Dimanche dernier le nommé Pierre Simond, dit Cordel, Roulier ſur le grand chemin tendant dudit Lyon à Roanne, & de Roanne en cette Ville, eſtoit arriué au Fauxbourg de Veize, conduiſant deux Charrettes chargées de marchandiſes venans dudit Roanne, & qu'il les auoit entré & entrepoſées dans l'Hoſtellerie du Chappeau rouge dudit lieu de Veize, detellé les cheuaux deſdites Charrettes, & iceux fait conduire en ſa maiſon au lieu de Saint Cyre; Leſdites Gardes ſaiſirent leſdites Charrettes, & marchandiſes qui eſtoient deſſus, en dreſſerent Procés verbal, ſur lequel, tant ledit Cordel que Simond Chauaſſu Hoſte dudit Logis, ont eſté ouys, & la cauſe renuoyée à plaider à ce jourd'huy, ſur ce qu'il ſouſtient, conformement aux Edicts & Ordonnances de ſa Majeſté ſur les droicts de Douane, portans deffences à tous Voituriers de conduire & mener aucunes marchandiſes, ny icelles entrepoſer aux Fauxbourgs des Villes & Granges, ſans premierement les auoir amenées tout droit à la Douane, à peine de confiſcation deſdites marchandiſes, des Cheuaux, Charrettes, Mulets,

Mulets & Batteaux, de l'amende de cinq
cens liures pour châque fois qu'ils y con-
treuiendroient, & à tous Hostelliers, Ta-
uerniers & Grangiers d'alentour de cette
dite ville de Lyon, de receuoir lesdites marchandises ; sans auoir esté premierement
menées à la Douane ; sur peine de confiscation des Granges, Maisons, Hostelleries
& Cabarets, au cas qu'ils en soient les proprietaires, & de punition corporelle : Et où
ils ne seroient que Locataires desdites Hostelleries, que les meubles qui se treuueront
en icelles, seroient aquis & confisquez à sa
Majesté. Qu'ayant ledit Simond entreposé lesdites Charrettes dans le Logis dudit
Chappeau rouge, ledit Chauassu proprie-
taire & Maistre d'iceluy l'ayant souffert,
lesdites Charrettes & marchandises seront
declarées aquises & confisquées au profit
de sa partie, comme ayant les droicts de sa
Majesté ; lesdits Cordel & Chauassu con-
demnez chacun en cinq cens liures d'a-
mende, pour auoir, par ledit Chauassu, souffert ledit Entrepost, & ledit Cordel pour
l'auoir fait, & aux depens des procedures
solidairement, auec deffences d'y recidiuer
à peine de punition exemplaire, & autres
indites par les Ordonnances. Bernico Ad-

N 3   uocat

654. uocat pour Pierre Simond dit Cordel, &
pour Simond Chauaſſu, aſſiſté de Faure le
jeune leur Procureur a dit, que ledit Cordel ayant mené à Roanne quelques marchandiſes, fuſt chargé à ſon retour d'autres marchandiſes par vn nommé Goutier,
appartenantes à des Marchands de cette
Ville, leſquelles ayant amené juſques au
Fauxbourg de Veize, & ſes Cheuaux s'e-
ſtans treuuez recrus; Sur les deux heures
du Dimanche, pour en prendre d'autres,
il fit entrer ſes Charettes ſous le couuert
dudit Chauaſſu,& enuiron vne heure apres
ayant pris d'autres Cheuaux, rendit ladite
marchandiſe à la Doüane, à quoy bien
qu'il n'y ait point de faute,toutesfois le Fermier pretend la confiſcation deſdites marchandiſes, Charrettes, Cheuaux, & condamnation de l'amende, tant contre l'vn
que contre l'autre. Or pour ce qui eſt dudit Chauaſſu, ce qui a eſté fait par ledit
Cordel eſtant en ſon abſence, à ſon inſceu
& de ſes domeſtiques, attendu que l'endroit par lequel ledit Cordel eſt entré demeure touſiours ouuert, il n'eſtime pas
qu'il y ayt aucune faute de ſa part. Quant
audit Cordel il n'y en à point non plus,veu
que ſi bien par les Ordonnances il eſt def-
fendu

fendu d'arrester aux Fauxbourgs, ny autres 1654.
endroits proche de la Ville, cela neantmoins ne peut auoir lieu au fait present,
confideration faite que ce qu'il en a fait
eft par neceffité pour changer de Cheuaux, & qu'incontinent apres il a rendu la
marchandife à ladite Douane, laquelle il
n'y à pas apparence qu'il ayt voulu frauder,
veu qu'il n'eft pas obligé de la payer, moins
ne le pouuoit faire, veu qu'il eft chargé par
les Lettres de Voiture de la marchandife,
laquelle d'ailleurs paye fort peu de chofe.
L'on dit qu'en ce cas il faloit laiffer la marchandife en la ruë, ou auertir les Commis,
mais cela ne fe pouuoit, parce qu'il pleu-
uoit ; D'ailleur l'endroit auquel ladite marchandife a efté mife eft tellement ouuert
& decouuert, que la marchandife y paroit
auffi bien que fi elle eftoit à la ruë : C'eft
pourquoy fans auoir egar à la requifition
dudit Fermier, ils concluoient à ce qu'ils
foient renuoyez des fins & conclufions
contre eux prifes, auec defpens. De la Font
Procureur, & affifté de fieurs Simond &
Iacob Pellotier, Claude Villerme, &
Foreft marchands de cette Ville, dit qu'ils
font venus au Bureau de la Douane de cette Ville pour retirer quelques marchandi-

fes.

654. ses venans de Roanne, mais on a fait refus de les leur deliurer, sous pretexte de certaine contrauention que le Fermier de ladite Doüane, pretend auoir esté commise par le Voiturier conducteur d'icelles, au moyen de laquelle il pretend obtenir la confiscation desdites marchandises ; ce qu'ils ont notable interest d'empescher, puis qu'ils n'ont en aucune façon contreuenu, & n'estiment pas mesmes que le Voiturier l'ayt fait ; Aussi, quoy que ledit Voiturier ayt fait connoistre qu'elles appartiennent à ses parties, on a rien dit ny fait contre : Cela estant, il reconnoit bien que lesdites marchandises leur doiuent estre baillées, Conclut partant à ce que les marchandises estans de present au Bureau de ladite Doüane, & voicturées par ledit Simond dit Cordel, leur soyent deliurées, en payant par eux les droicts de Doüane qui se treuueront estre deubs pour raison d'icelles; Et où Nous ne voudrions prononcer dès à present sur ladite deliurance, il Nous requiert qu'acte luy soit octroyé de l'Interuention qu'il forme pour lesdits Pellotier, Villerme & Forest, en la presente Instance ; Que communication luy sera faite du tout pour y deliberer ainsi qu'il

verra

verra, aux proteſtations de tous leurs deſpens, dommages & intereſts, tant à l'encontre dudit Pinçon Fermier, que des
ſieurs Michon qui ont pris la conduite deſdites marchandiſes, & autres qu'il appartiendra. Ledit Dru en replique, dit que ce
qu'eſt allegué par ledit Mᵉ Bernico eſt contraire, ſauf correction, à la verité reſul-
tante des pieces qu'il a en main, notamment du Procés verbal de ſaiſie deſdites
marchandiſes & Charrettes, fait par les
Commis de ſa partie ledit jour de Dimanche dernier ſur les deux heures de releué
dans la Cour du Logis du Chappeau rouge, par lequel il conſte que leſdites marchandiſes & Charrettes eſtoient entrepoſées dans ledit Logis, y furent par eux ſaiſies, arreſtées, & conduites à leur diligence, & furent par eux ſaiſies & arreſtées
pour en pourſuiure la confiſcation; Et en
effet cette verité a eſté ainſi reconnue par
les accuſez en leurs reſponſes perſonnelles,
que ſi la Saiſie n'auoit eſté faite, ainſi que
ſuppoſe Mᵉ Bernico que le Lundy, ladite
marchandiſe ayant eſté voicturée à la
Doüane,& nullement entrepoſée audit Logis comme dit eſt, il ne voudroit ſouſtenir la cauſe. Le contraire donc apparoiſ-
ſant

654. fant par les fufdites pieces, & par la confef-
fion & aueu des accufez, il s'enfuit qu'ils
ne peuuent empefcher l'adjudication des
fins & conclufions qu'il a prifes contre l'vn
& l'autre des accufez. La neceffité alleguée d'entrepofer lefdites Charrettes dans
ledit Logis à caufe de la laffitude de fes cheuaux ou de la pluye, n'eftant vne excufe
fuffifante, veritable ny confiderable, à correction; car ledit jour de Dimanche il ne
pleuft aucunement, & fuppofition faite
que les Cheuaux qui tiroient lefdites Charrettes fuffent arraffez, ledit Cordel pouuoit faire deux chofes permifes; La premiere, de laiffer fa Charrette dans la ruë & en
veüe, deteller fes Cheuaux & les faire re-
paiftre; La feconde, de venir au Bureau qui
eft aux portes du Faux-bourg de Veize en
faire fa declaration aux Commis de fa partie. Toutes fes excufes font propposées à
l'azard, & pour couurir par les deffences
leur faute, laquelle paroift encôre plus, &
que ledit Entrepos eftoit fait à deffein, en
ce que ledit Cordel auoit ja enuoyé, lors
de ladite faifie, fes Cheuaux au Village
de fainct Cyre où il habite, ainfi qu'il reful-
te par les fufdites pieces, auec lefquels de
confequent, s'il n'euft eu quelque mau-
uais

uais deſſein, il euſt peu plus facilement continuer ſon chemin , & faire rendre leſdit-
tes Charrettes à la Doüane, que de faire
aller leſdits Cheuaux audit Saint Cyre;
Ne ſeruant non plus à conſideration , d'alleguer qu'il n'y a eu, de la part des accuſez , aucun deſſein de fraude dans ledit
Entrepoſt , ny meſmes la volonté ; Et
quand elle y euſt eſté , l'on ne pouuoit
l'executer , parce que ces marchandiſes
chargées eſtoient énoncées dans les Lettres de Voictures remiſes audit Cordel,
parce qu'il ſuffit audit demandeur, pour
eſtablir ladite contrauention, que leſdites
Charrettes chargées deſdites marchandiſes ayent eſté treuuées Entrepoſées dans
ledit Logis au Faux-bourg de Veize, où
facilement l'on les pouuoit diuertir ou en
ſuppoſer d'autres pour frauder les droicts
du Roy. Bref c'eſt tout ce qu'eſt deſiré
par les Edicts de ſa Majeſté , pour eſtablir la
contrauention à iceux en matiere d'Entrepoſt ainſi qu'il a remarqué cy-deſſus , l'abſence de l'Hoſte dudit Logis ne pouuant
non plus excuſer ſa faute & contrauention,
comme tenu & reſponſable de tout ce qui
ſe fait dans ſon Logis;Et à l'égar de l'Interuention formée preſentement en cette
cauſe

1654. caufe par les parties dudit de la Font, qui
difent que les marchandifes voicturées par
ledit Simond Cordel leur appartiennent;
ils font tres-mal fondez , fauf correction,
en la requifition qu'ils font à ce qu'elles
leur foient defliurées ; puis que par toutes
les Ordonnances concernant les droicts de
Doüane, les marchandifes ; Cheuaux , &
Charrettes, qui fe treuueront entrepo-
fées aux Faux-bourgs ou proche de cette Ville de Lyon ; font fujettes à la confifcation, voire à des peines, notamment
par celle de Charles IX. de l'année mil
cinq cens foixante-fix Article dix-huict ;
Aprés quoy, & diuers vos Iugements rendus en diuers rencontres qui fe font pre-
fentez en pareil cas ; nonobftant toutes
excufes propofées par les accufez, Vous
Meffieuts auez adjugé, par forme de confifcation, à fa Majefté , non feullement les
Cheuaux & Charrettes des accufez , mais
encor les marchandifes par eux voicturées , & les Voicturiers & Marchands
qui aduoüoient lefdites marchandifes , en
l'amende ; laquelle de confequent il a
droict de requerir comme il fait, contre les
contreuenans folidairement auec les accufez, eftant impertinent, fauf correction,
de

de dire par eux qu'ils n'ont en rien contri-
buez en ladite contrauention, puifque les
Marchands font refponfables des fautes de
leurs Voiƈturiers; Partant perfifte ledit
Dru, à ce qu'il foit dit que lefdites Charrettes, Cheuaux & marchandifes faiſies,
feront declarées aquifes & confifquées au
profit de fa partie, fans auoir égard à ladite
Interuention, lefdits Chauaſſu, Simond
Cordel,& Interuenans,chacun d'eux, condamnez en l'amende de cinq cens liures
profitable au demandeur, & aux defpens
des procedures folidairement,auec deffences aux vns & aux autres d'y recidiuer à
peine de punition exemplaire; Surquoy,&
veu par Nous le Verbal fait par les Commis,Gardes,& Conducteurs pour la Doüane dudit Lyon à la porte de Veize, contenant,que le Dimanche treiziéme du prefent mois de Decembre fur l'heure de deux
apres midy, fur l'auis à eux donné que
certains Rouliers où Charretiers, auroient
contre les Ordonnances du Roy concernans la Doüane de cette Ville, entrepo-
fez des Charrettes de marchandifes dans
la Grange du Logis du Chappeau rouge au
Faux-bourg de Veize, les nommez Chaſtaignieres & Charroin,deux defdits Commis

654. mis & Gardes, auroient esté obligez de se
transporter audit Logis du Chappeau rouge, où estans, & estans entrez dans vne
Grange dependant dudit Logis, auroient
treuué entreposées dans icelles deux Charrettes chargées de huict Balles & vn Tonneau marchandises; Ce qu'ayans veu & reconnu, ils se feroient addressez au nommé
Chauassu hoste dudit Logis, luy enjoignant de par le Roy, de leur déclarer en
vertu dequoy il auoit permis l'Entrepost
desdites Charrettes chargées de marchandises, lequel leur ayant fait responce n'en
sçauoir aucune chose & n'y auoir consenty,
seroit suruenu le nommé Pierre Simond dit
Cordel, qui leur auroit auoüé estre Maistre
desd. Charrettes, & Voicturier des marchã-
dises chagées sur icelles; Auquel ayans fait
même commandement de par le Roy, de
leur déclarer en vertu dequoy il auoit fait
l'Entrepost desdites Charrettes & marchandises en ladite Grange, leur auroit respondu
que c'estoit pour faire repaistre ses Cheuaux, & luy ayans demandé où ils estoient,
leur auroit dit qu'il les auoit enuoyé en sa
maison au lieu de Saint Cyre, quoy voyans
lesdits Gardes, & attendu ledit Entrepost,
ils auroient saisi lesdites Charrettes & mar-
chan-

chandifes fur icelles, enjoignant audit Simond dit Cordel de les tranfporter & conduire fur le champt au Bureau general de
ladite Doüane; ce quayant ledit Simond
fait auec deux Cheuaux qu'il auroit em-
pruntez, ils auroient remis icelles Charrettes & marchandifes és mains de Mᵉ André Cloſtrier Concierge en ladite Doüane,
luy faiſant deffences de s'en deſaiſir jufques autrement fuſt par Nous ordonné, à
peyne d'en refpondre en fon propre &
priué nom, & du tout dreffé ledit Verbal
à ſa Requeſte dudit Pinçon Fermier de ladite Doüane, pour luy feruir & valoit en
temps & lieu, iceluy Verbal figné defdits
Charroin & Chaſtaignieres, & remis au
Greffe par Voiſin Clerc principal de Mᵉ
Iean Dru Procureur dudit Pinçon, le lendemain quatorziéme dudit prefent mois de
Decembre, Requeſte auons preſentée par
ledit Nicolas Pinçon Fermier de ladite
Doüane, à ce qu'il Nous pluſt ordonner lefdits Pierre Simond dit Cordel, & Simond
Chauaſſu Hoſte dudit Logis du Chappeau
rouge, eſtre amenez pied à pied pour refpondre fur le contenu au fufdit Verbal,
circonſtances & dependances, pour ce
fait, & leurs refponces à luy communi-
quées,

1634. quées, prendre par luy telles fins & conclufions qu'ils verront bon eftre, & que
cependant lefdits Chauaffu & Simond feroient arreftez prifonniers jufques à ce
qu'ils euffent baillé bonne & fuffifante
caution, efleus domicille en cette Ville, &
conftituez Procureur, & ce nonobftant oppofitions ou appellations quelconques; &
fans prejudice d'icelles, ladite Requefte
fignée dudit Voifin Clerc dudit M° Dru
Procureur dudit Pinçon, au bas de laquelle
eft l'Ordonnance de Monfieur le Prefident
Lieutenant general en la Senefchauffée &
Siege Prefidial de Lyon l'vn de Nous; portant que lefdits Simond & Chauaffu feroient amenez fans fcandale, en datte dudit
jour quatorziéme Decembre; fignée par
extrait de noftre Greffier. Les Refponces
perfonnelles defdits Pierre Simond dit Cordel & Simond Chauaffu, faites le mefme
jour pardeuant ledit Sieur de Seue fur le
contenu au fufdit Verbal, circonftances &
dependances, Et fon Ordonnance, portant
qu'ils eftoient delaiffez en eftat d'adjournez en perfonne, apres qu'ils auoient conftituez Procureur & efleus domicille en
cette Ville, & promis de fe reprefenter à
toutes Affignations; le tout figné par collation

tion de noſtredit Greffier. Trois Lettres 1654.
de Voictures eſcrittes de Roanne par le
nommé Goutier, faiſant pour les ſieurs
Claude & Iean Iacques Michon; La premiere en datte du trentiéme du mois de
Nouembre dernier, addreſſente à ſieur
Claude Villerme marchand de cette Ville,
contenant qu'il receuroit de Pierre Simon
vn Tonneau marchandiſes Nº 3. marqué
1.f. C.V. 2 15.10.que les ayant receües bien
conditionnées, luy payeroit quinze liures
dix ſols. La Seconde du dixiéme du preſent, addreſſante au ſieur Foreſt au logis du
ſieur Milliotet, contenant qu'il receuroit
dudit Simond cinq Balles toiles Nº 13. à 17.
marquées 5.f.T & D 2 75.que les ayant receües bien conditionnées, il luy payeroit
ſoixante quinze liures; Et la troiſiéme du
meſme jour addreſſante aux Sieurs Simond
& Iacob Pellotier marchands de cette Ville, contenant qu'ils receuroient dudit Simond trois Balles drap Nº 8.12. & 13. marquées 3.fois S.I. 2 37.que les ayans receües
bien conditionnées, leur payeroient trente-
ſept liures. Tout conſideré, & ouy Mᵉ Vincent de Panettes Aduocat du Roy, pour le
Procureur du Roy,

IL EST DIT; ayant égard à l'Inter-
O   uention

1654. uention defdits Pellotier, Villerme & Forefts, que main-leuée leur eft faite defdites
marchandifes: Et attendu la contrauention
faite par lefdits Simond & Chauaffu aux
Edicts & Ordonnances de fa Majefté concernans le faict des Doüanes, qu'ils font folidairement condamnez en l'amende de
trente liures, & aux defpens des procedures,
Et moyenant ce, main-leuée à eux faite defdites Charrettes, deffences à eux de recidiuer aux peines portées par les Ordonnances, & fera paffé outre nonobftant oppofitions ou appellations quelconques, & fans
prejudice d'icelles. Signé Guillard Prefident, de Sarde, Confeillers du Roy Treforiers generaux de France au Bureau des Finances eftably à Lyon. Seue Confeiller du
Roy en fes Confeils d'Eftat & Priué, Prefident & Lieutenant General en la Senefchauffée & Siege Prefidial de Lyon, & Vincent de Panettes Aduocat du Roy, pour le
Procureur du Roy.

Prononcé le dix-huictiéme Decembre
mil fix cens cinquante-quatre.

Collationné

PERROT Greffier.

Autre

*Autre Sentence des Iuges de la Doüane
de Lyon du 13. Decembre 1659. portant confiscation d'vne Caisse de marchandises, laissée à l'Arbresle par le
nommé Mathurin, Cocher ordinaire,
de Paris en cette Ville.*

LEs Iuges establis par Edict de sa
Majesté pour la Doüane de Lyon;
Sçauoir faisons, Que ce jourd'huy,
Vendredy douziéme du mois de Decembre
mil six cens cinquante-neuf, estans au Bureau de ladite Doüane, s'est presenté Me
Iean Dru Procureur de Me Nicolas Pinçon,
Fermier & Adjudicataire general des cinq
grosses Fermes de France, la Doüane de
Lyon y comprise; Qui Nous a dit, que les
Messagers & Cochers ordinaires de Paris
en cette Ville, sont chargez à Paris de Caisses ou Balles de marchandises des plus pre-
cieuses, & lesquelles ils sont la plufpart fondez en coustume de descharger & entrepo-
ser par les chemins pour les faire entrer en
secret en cette Ville, pour frauder les droicts
de Doüane deubs à sa Majesté; desquels

ils

1059. ils profitent, ou ceux qui les chargent, au prejudice de sa Majesté : Et en effet le nommé Mathurin, vn desdits Cochers, le premier Octobre dernier ayant remis au Concierge de ladite Doüane sa Lettre de Voiture , contenant le Chargement & Paquets qui luy auoient esté remis à Paris pour conduire en cette Ville, & consigné toutes les marchandises y énoncées,à la referue d'vne Caisse emballée marquée par les lettres C C. Nº 1. pour déliurer au Sieur Souzy Notaire Royal à Tarare,le Commis de sa partie se transporta au lieu de Larbresle où ledit Cocher l'auoit laissée, ayant oublié de la laisser audit lieu de Tara e en passant audit lieu, elle fut saisie à la Requeste de sa partie, & remise en la Conciergerie de ladite Doüane, pour en estre la Confiscation pourfuiuie, auec adiudication de tous despens,dommages & interests, & de l'amende. A cet effet ledit Souzy a esté ouy en ses responses, & a reconnu que le nommé Allé marchand de Paris luy auoit escrit qu'il luy enuoyoit vne Caisse marquée C C par ordre & pour le compte de Claude Condancia marchand de Valsonne proche dudit lieu de Tarare, le supplioit de la luy faire tenir auec vne Lettre

d'a-

d'auis y jointe, laquelle lettre il luy a fait
tenir, ce que pourtant ledit Condancia à
defnié par fes refponces: Bien reconnu
auoir donné ordre audit Allé, de luy en
uoyer des bas de foyes & rubans d'Angleterre, & qu'en fuitte de l'avis que luy don-
na ledit Souzy, il a efté chercher ladite
marchandife à Tarare & à Larbrefle, laquelle il auoit deffein d'enuoyer au Puy, où
il negocie ordinairement de draps, toiles,
& autres marchandifes. Ledit Dru fouftient que n'ayans lefdites marchandifes
Eftrangeres efté confignées aux Bureaux
eftablis à l'entrée du Royaume, & ne iufti-
fiant d'Aquit à Caution d'icelles, conformement aux Ordonnances & Declarations
de fa Mayefté du troifiéme Octobre mil
cinq cens huictante-vn, & huictiéme Decembre mil cinq cens huictante-deux, portans peyne & confifcation defdites marchandifes, Chouaux & Charrettes: Si que
fur ce, deffaut & contrauention aux Ordonnances de fa Majefté, il y a lieu d'adjuger la confifcation de ladite marchandife
à fa partie. Mais cette fraude eft fuiuie
d'vne autre, par vn deffein premedité par
ledit Condancia de frauder les droicts de
Doüane deubs en cette ville de Lyon à fa

O 3   Ma-

659. Majefté, ayant commis, comme il reconnoît, audit Allé, de luy enuoyer fes marchandifes à Tarare à l'addreffe d'vn Notaire Royal, pour dudit lieu les tranfporter
au Puy en Velay où il negocie, comme il
reconnoît pareillement par fes refponces;
non à autre deffein feulement que pour
frauder lefdits droiéts de Douane. L'on
fçait les deffenées portées par les Ediéts &
Ordonnances de fa Majefté concernants
les Entrepofts des marchandifes, notamment la Declaration du Roy de l'année mil
cinq cens foixante-quatre, & les peines
portées par icelle, qui font des confifcations
defdites marchandifes, & toutes les autres
qui feront treuuées auec icelles entrepo-
fées, Cheuaux, Mulets & Charrettes; Et
contient ladite Ordonnance deffences de
defcharger lefdites marchandifes defpuis le
Pont de Beauuoifin, où celles qui vienent
d'Italie doiuent eftre confignées, jufques en
cette ville de Lyon, efloignée de quatorze
lieûs. A plus forte raifon l'Entrépoft fait à
Larbrefle, efloigné de Lyon de trois lieûes,
eft condamnable : Car qui croira que ledit
Condancia euft fait venir dudit lieu de
Tarare ladite Caiffe en cette Douane pour
y aquiter les droiéts, puis qu'il l'auoit de-
ftinée

ftinée pour le Puy en Velay,plus proche de
Tarare que Lyon, où il l'eust fait conduire
tres feurement, comme il a fait plusieurs
autres, joint que s'il n'uft eu ce dessein for-
mé des la ville de Paris, il eust fait consigner ladite Caisse au Bureau de Roanne
estably au commencement de cette Prouince : C'est pourquoy ledit Dru peroiste à
ce que ledit Ballot ou Caisse, & les marchandises y contenues, soient declarées
aquises & confisquées au profit dudit Pinçon, auec deffences tres expresses, tant audit Souzy qu'audit Condancia, de recidiuer
à semblables Contrauentions, à peine de
punition exemplaire; & ausdits Cochers &
Messagers de descharger les marchandises
qui leur seront remises, ailleurs qu'au Bureau de la Douane de cette ville de Lyon,
aux peines portées par les Ordonnances :
Iceux Condancia & Souzy condamnez solidairement en l'amende de mil liures enuers ledit Pinçon,& aux despens des procedures. Dufournel Aduocat dudit Claude
Condancia,assisté de Deschamps l'ayné son
Procureur, dit que sa partie demeure au
lieu de Valsonne, & va par fois en la ville
du Puy, où il porte des Toiles pour vendre,
& en rapporte des Cadits, sargettes, & au-
O 4   tres

1659. tres Drapperies. Que fa Majefté eftant al-
lée à Tholofe, vn Marchand de ladite
ville du Puy luy auroit dit, que s'il faifoit venir de Paris des rubans & bas de
foye, il y treuueroit bien fon compte,
ce qui l'auroit obligé defcrire au Sieur Allé Marchand à Paris, chez qui demeure
vn fien frere, de luy énuoyer certaine
quantité de rubans & de bas de foye; il
croyoit que l'adreffe s'en feroit au Sieur
Michel Condancia fon frere Marchand en
cette ville, mais ledit Sieur Allé l'auroit
fait au Sieur Souzy demeurant à Tarare,
& le Cocher au lieu de laiffer à Tarare
ledit Paquet, l'auroit porté jufques à Larbrefle, où il l'auroit laiffé au Logis du Cigne.
Apres quoy le deffendeur n'ayant aucunes
nouuelles dudit paquet, auroit efté contraint de faire affigner le Cocher, & ayant
apris de luy qu'il eftoit à Larbrefle, il
le feroit allé chercher, dans le deffein de
l'apporter en cette Ville pour aquiter les
droicts de Doüane, mais ayant fçeu de
l'Hofteffe du Cigne qu'il auoit efté faifi,
il en auroit demandé la main-leuée, & ledit Pinçon au contraire fouftient qu'il
eftoit fujet à confifcation. Pour fonder
fon intention il dit en premier lieu, que la
mar-

marchandife dont il s'agift n'a pas efté confignée à l'entrée du Royaume, mais il a
deub remarquer que le deffendeur ne la
fait pas venir directement d'Angleterre
mais de Paris, & qu'il eft croyable que non
feulement elle a efté confignée, mais que
de plus le droict d'entrée au Royaume, &
dans la ville de Paris, a efté aquité ; Et fi
bien on n'en iuftifie pas, c'eft que cela
n'eft pas poffible, foit à caufe de la precipitation auec laquelle cette Inftance eft
pourfuiuie, foit parce que peut-eftre il y a
fort long-temps que ladite marchandife eft
à Paris, outre qu'il n'eft pas croyable qu'on
l'ayt laiffé entrer fans faire l'Aquit; On
oppofe en fecond lieu, qu'il y a vn Bureau à Roanne, où lon a deu configner
ladite marchandife, mais outre que ledit
Bureau eft eftably puis peu de temps, on
ne fçauroit iuftifier d'aucune declaration,
qui oblige d'y configner les marchandifes
qui entrent dans la Prouince à peine de
confifcation, ny d'aucun Iugement qui l'ayt
ordonné par ce deffaut, outre que ce
feroit la faute du Cocher qui auroit deu
faire ladite confignation. En troifiéme lieu,
on oppofe qu'il y a Entrepoft, qui a efté
toufiours prohibé. Le deffendeur veut
auoüer

1659. auoüer que les Entrepoſts faits aux Faux-
bourgs de cette Ville ont eſté improuus, à
cauſe de de la fraude qui en peut prouenir,
mais on ne ſçauroit faire voir qu'on ayt jugé
qu'il y euſt Entrepoſt à deppoſer des marchandiſes à trois lieües de cette Ville ; Et ſi
bien on rapporte vn Reglement qui enjoint
de porter directemment les marchandiſes
qui viennent d'Italie, du Pont de Beauuoiſin
en cette Ville, ſans faire Entrepoſt, cela ne
fait pas conſequence pour les marchandiſes qui vienent de Paris. Enfin pour eſtablir
vne Conſiſcation, il faudroit auoir preuue de dol & de fraude, dont on n'a pas ſeulement des conjecture vray ſemblables,
car ſi bien ladite marchandiſe a eſté depo-
ſée à Larbreſſe, & addreſſée à Tarare, ce
n'eſt pas vne preuue qu'on voulut fruſtrer
les droicts de la Doüane, que ledit Condancia a eü tonsjouts deſſein d'aquiter ; Et
en effet s'il euſt eu vne penſée contraire,
il n'euſt pas fait venir ledit Paquet par la
voye du Coche. Il ſçauoit bien que le Cocher prend vn chargement à Paris de toutes
les marchandiſes qu'il conduit, lequel eſt
remis à la Doüane en cette Ville ; Il faudroit eſtre bien groſſier pour ne pas voir
que par le moyen de ce chargement la fraude

de , s'il y en auoit, & la perte de ladite mar- 1659.
chandise,seroit decouuerte. Il y a beaucoup
d'autres moyens si on les vouloit pratiquer,
& il n'y à point de plus grande preuue de
l'innocence dudit Condancia , pour lequel
ledit du Fourhel à subjet de requerir à ce
que main-leuée luy soit faite desdites marchandises , & qu'il soit renuoyé des fins &
conclusions contre luy prises,auec despens:
à quoy il conclud. Surquoy aprés s'estre
lesdits Aduocats & Procureurs retirz: Veü
par Nous le Verbal de saisie faite par Estienne Bourgeois Visiteur general en ladite
Douane,contenant que le premier du mois
de Decembre dernier,seroit arriué en ladite Douane le nommé Mathurin, Cocher ordinaire de Paris en cette Ville,lequel auroit
à la maniere accoustumée , remis au Concierge de ladite Douane sa lettre de Voicture, Contenant le chargement des marchandises & Paquets qui luy auoient esté donnez à Paris, & iceux remis en ladite Douane , à la reserue d'vne Caisse marquée C.C.
pour déliurer à Monsieur Souzy à Tarate,
Et ayant remarqué qu'il n'y auoit aucun
receu ny deschargement fait de ladite Caisse en ladite Lettre de Voicture, il auroit
Iugé que ce pouuoit estre quelque marchandise

1659. chandife qu'on vouloit faire paffer en
fraude, pourquoy il auroit tafché de la
pouuoir trouuer, & par le moyen des per-
quifitions qu'il en auroit faites,fçeu comme
ladite Caiffe n'auoit efté defchargée à Tarare, ains au lieu de Larbrefle au Logis où
pend pour Enfeigne le Cigne, où ledit
Cocher l'auoit laiffée à Madame Tricaud
Hoftefle dudit Logis, difant qu'il auoit oublié de la laiffer à Tarare, & que ceux à qui
elle appartenoit, & qui en auroient affaire,
l'yroient bien retirer d'elle, laquelle auroit
fait refponce audit Cocher, qu'elle ne la
rendroit qu'à luy. Ce qu'ayant fçeu, il fe
feroit tranfporté chez ladite Tricaud, qui
luy auroit auoüé auoir prins ladite Caiffe
de la maniere ditte, & l'ayant requife de
la luy remettre pour la porter en ladite
Doüane, elle l'auroit fait à la bonne foy,&
l'ayant prinfe,fans que l'vn n'y l'autre fceuf-
fent qu'il y auoit dans icelle, s'en feroit
chargé le quatorziéme dudit mois, & le
lendemain quinziéme dudit, enuiron les
huict heures de matin,l'auroit fait ouurir en
laditte Doüane en la prefence des Sieurs
de Baignaulx & Merlat, & encores de Sieur
Benoift Blazin Concierge en ladite Doüane, & fe feroit treuué dans icelle cinq Paquets

quets bas & canons d'Angleterre de diuerfes couleurs, pefens enfemble brut auec les
cartons, papier & ficelle, dixhuict liures; Et
quatre autres Paquets rubans de foye auffi
d'Angleterre, pefens bien auffi auec les
papiers & ficelle, huict liures; Toutes lefquelles marchandifes ayans reconnu eftre
Eftrangeres, & par confequent obligées
d'eftre voicturées à droitture en cette Ville, pour y payer & aquiter les droicts fuiuant
& conformement aux Edicts & Ordonnances de fa Majefté, & nos Ordonnances,
à quoy auoient directement contreuenus,
tant ceux qui auoient fait l'enuoy defdites
marchandifes, que ceux à qui elles appartenoient, qui auoient vn deffein premedité
d'en frauder les droicts comme il eftoit vi-
fible; C'eft pourquoy il auroit le tout faifi,
arrefté, & mis fous la main du Roy & de
Iuftice, & laiffé au pouuoir dudit fieur de
Baignaulx Directeur general de ladite
Doüane, auquel il auroit fait deffences de
s'en defaifir, jufques à ce qu'il en euft efté
par Nous ordonné fur la Confifcation qui
en feroit pourfuiuie à la Requefte dudit
Me Nicolas Pinçon Fermier de ladite Doüane, ledit Verbal par luy remis en noftre
Greffe ledit jour quinziéme Octobre dernier

nier, figné par extrait de noſtre Greffier, L'Ordonnance renduë par Monſieur Mᵉ Pierre de Seue l'vn de Nous, ſur la requiſition de Mᵉ Dru Procureur dudit Mᵉ Nicolas Pinçon, portant que le nommé Souzy, deſnommé audit Verbal, & auquel ladite Caiſſe eſtoit addreſſée, & tous autres qui auoüeroient ou reclameroient icelle, ſeroient aſſignez à comparoir en perſonne pardeuant luy, pour reſpondre ſur le contenu audit Verbal, circonſtances & dependances, auec intimation que par faute de comparoir & reſpondre, droiſt ſeroit ſur le champt rendu ſur la confiſcation requiſe, & concluſion dudit Pinçon, & ce nonobſtant oppoſitions ou appellations quelconques & ſans preiudice d'icelles, en datte du quatorziéme de Nouembre ſuiuant. Les Reſponces perſonnelles dudit Souzy faites pardeuant ledit Sieur de Seue le vingt-troiſiéme dudit mois de Nouembre. Autre Ordonnance dudit Sieur de Seue renduë ſur la requiſition dudit Dru Procureur dudit Pinçon, portant que le nommé Claude Condancia du lieu de Valſonne, ſeroit pareillement aſſigné pour comparoir en perſonne, & reſpondre tant ſur ledit Verbal, circonſtances & dependances, que ſur le
re-

resultat des responces dudit Souzy, auec 1659.
intimation que par faute de comparoir &
respondre, il seroit procedé au Iugement
de ladite contrauention ainsi que de raison,
& ce nonobstant oppositions ou appellations quelconques, & sans prejudice d'icelles, ladite Ordonnance en datte du deuxiéme du present. Les Responces personnelles dudit Claude Condancia aussi faites
pardeuant ledit Sieur de Seue le Samedy
sixiéme du present; Et autre Ordonnance
dudit Sieur de Seue portant acte des declaration & requisition dudit Dru Procureur
dudit Pinçon, ordonné que les parties en
viendroient precisement ce jourd'huy deux
heures de releué au present Bureau, à peine
d'exploit contre le deffaillant, pour le profit
duquel il seroit pourueu sur le champt sur
la confiscation par luy requise, & autres
conclusions par luy prinses au procez, & ce
nonobstant oppositions ou appellations
quelconques & sans prejudice d'icelles, &
seroit signifié, ladite Ordonnance du dixies-
me du present, au bas de laquelle est la
signification faite d'icelle le mesme jour à
Mᵉ Deschamps l'ayné Procureur desdits
Souzy & Condancia, le tout signé de nostre
Greffier. Tout consideré, & ouy Mᵉ Iean
                                Vidaud

1659. Vidaut Procureur du Roy.

IL EST DIT, que ladite Caiſſe, & marchandiſes eſtans dans icelle, ſont declarées aquiſes & confiſquées au profit dudit Pinçon. Ordonné qu'elles ſeront vendues au plus offrant & dernier encheriſſeur, pour du prix en prouenant, eſtre deliuré le tiers au ſaiſiſſant & le ſurplus audit Pinçon, les droicts de Doüane deubs pour raiſon d'icelles, & fraiz de Iuſtice, prealablement leuez, Et paſſé outre nonobſtant oppoſitions ou appellations quelconques, & ſans prejudice d'icelles. Signé Charrier Preſident, Mercier, Conſeillers du Roy Treſoriers generaux de France au Bureau des Finances eſtably à Lyon. Seue Conſeiller du Roy en ſes Conſeils d'Eſtat & Priué, Preſident & Lieutenant General en la Seneſchauſſée & Siege Preſidial de Lyon. Croppet Conſeiller du Roy, Maiſtre des Ports, Ponts & Paſſages, & Vidaut Procureur du Roy.

Prononcé le treiziéme jour du mois de Decembre mil ſix cens cinquante-neuf.

Collationné,

PERROT Greffier.

Autre

Autre Sentence des Iuges de la Doüane de Lyon du 17. Iuin 1661. portant confiscation, sur le nommé Seglat, de deux Balles layne venans de Dauphiné, ensemble le Cheual qui les portoit, & ce pour n'auoir aquité les droicts de Doüane en cette Ville.

LEs Iuges establis par Edict de sa Majesté pour la Doüane de Lyon. Sçauoir faisons, que ce jourd'huy Vendredy dix-septiéme jour du mois de Iuin mil six cens soixante-vn, estans au Bureau de laditte Doüane, s'est presenté Me Iean Dru Procureur de Me Sebastien le Bas, Fermier & Adjudicataire General des cinq Grosses Fermes de France, la Doüane de Lyon y comprise, assisté de Me André Merlat Commis & Receueur General en laditte Doüanne, qui Nous a dit, & remontré que les Gardes de laditte Doüane pour ledit Fermier, estans le quatorziéme du present au lieu de la Terrasse, ils auroient veu passer au deuant de leur

P   logis

661. logis vn nommé André Seglat Voicturier par terre du lieu de S. Pierre de Bœuf, conduisant vn Cheual chargé de deux Bales de laine au lieu de Saint Chamond venant de Dauphiné, ainsi qu'il auroit reconnu, sans auoir icelles conduit en cette Ville pour y payer les droicts de Douane deubs à sa Majesté ou audit le Bar son Fermier, comme il estoit obligé de faire par diuers vos Iugemens rendus en pareilles occurrences ; Mesmes les quinziéme Octobre mil six cens trente-huict & dix-neufviéme Iuin mil six cens trente-neuf, publiés de l'Ordonnance du Bureau, & par tout où besoin a esté, le billet rapporté par ledit Seglat du payement de la Douane de Valence ne luy pouuant seruir d'excuse pour le payement des droicts de la présente Douane, que ladite marchandise est obligé de payer passant de Prouince à autre, comme du Dauphiné où il a reconnu auoir chargé lesdites deux Bales layne, auquel lieu ledit Fermier n'a aucun Bureau estably. C'est pourquoy il soustient qu'en execution de vosdits Iugemens, attendu la contrauention faite à iceux, & aux Edicts & Ordonnances de sa Majesté concernans le faict des Douanes, Il doit estre dit que lesdites deux

Bales

Bales & Cheual auec son harnois, saisis, seront declarez acquises & confisquez au profit dudit le Bar, ledit Seglat, ensemble le nommé Arnaud Plasson qui auoit ladite marchandise, solidairement condamnez en l'amende portee par lesdits Edicts & Ordonnancs, & aux despens des procedures. Est aussi comparu M' Iean Payre Procureur, & assisté d'Arnaud Plasson Chappellier du lieu de S. Chamond, & d'André Seglat Voicturier par terre du lieu de Saint Pierre de Bœuf, qui a dit, qu'ayant ledit Plasson fait achat de deux Bales laine au lieu de Rossillon en Dauphiné, pour icelles faire conduire & voicturer audit lieu de Saint Chamond, pour les y fabriquer & en faire des chapeaux, il en auroit chargé ledit Seglat Voicturier, auec ordre de les luy voicturer & conduire audit lieu de S. Chamond ce qu'iceluy Seglat ayant voulu faire, apres auoir trauersé le Rosne & estant au lieu de la Terrasse, il auroit esté rencontré par les Commis & Gardes pour la Douane de cette Ville, lesquels auroient saisis non seulement lesdites deux bales de laine, mais aussi le Cheual sur lequel il les voicturoit. Et à present ledit Fermier en demande la confiscation, fondé sur ce qu'il dit qu'il y

1661

a eu

661. a eu contrauention & fraude de la part de
ses parties, ce qu'il ne sçauroit establir, ledit
Seglat n'ayant eu aucun dessein de frauder
en aucune façon les droicts de Douane,
ayant consigné & aquité ceux de la Douane de Valence ainsi qu'il estoit obligé de
faire, ce qu'il n'auroit fait s'il eust eu dessein
de frauder, comme l'on presuppose, outre
que cela luy auroit esté inutile, parce que
semblables marchandises ne doiuent ny ne
payent aucun autre droict que celuy de la
Douane de Valence, y ayant plus de trente
ans que ledit Seglat fait semblables voictures, sans que jamais ledit Fermier ny ses de-
uanciers s'en soyent plaints, ny ayent pretendus aucun droict pour raison d'icelles,
aussi ne sçauroit-il faire voir par les Regi-
stres de ladite Douane, qu'elles ayent jamais payé ny aquité ledit droict ; Et quand
il luy en seroit deu quelqu'vn, ce que non,
il faudroit pour le perceuoir qu'il establit
Bureau sur les lieux, afin que lesdites marchandises y peussent estre consignées &
aquitées, n'estant raisonnable de vouloir
obliger les Voicturiers de venir passer en
cette Ville pour y aquiter, & par ce moyen
les necessiter de faire dix ou douze lieues
de chemin plus qu'ils ne font en trauersant
le

le Rofne, & alans directement à S. Chamond : Ce qui confommeroit les Marchands à qui lefdites marchandifes appar-
tiendroient, en des fraiz qui feroient beaucoup plus grands que les droicts de Doüane qui pourroient eftre deubs pour raifon
d'icelles, puis qu'il eft contraint de reconnoiftre que pour les deux Bales de queftion,
il ne pourroit pretendre que quarente fols
pour les droicts à luy deubs, ce qui feroit
vne grande & indue vexation : C'eft pourquoy n'y ayant apparence que ledit Plaffon
ayt eu deffein de frauder, n'eftant Marchand
ains fimple ouurier, ne fachant fi ladite marchandife deuoit eftre conduite en cette
Ville, & fi elle deuoit quelques droicts,
eftant la premiere fois qu'il en ayt acheté
audit lieu de Dauphiné, l'ayant mefme de-
ftinée pour la manufacturer & en faire des
Chapeaux, pour en apres les conduire en
cette Ville, & l'ayant remife audit Seglat
pour la luy voicturer audit lieu de S. Chamond ; moins encor de la part dudit Seglat
lequel a fait ce qu'il a deu faire, ayant acquité la Doüane de Valence, & n'ayant fait
que ce qu'il a accouftumé de faire puis lon-
gues années, fans que jamais ledit Formier
ny fes Gardes s'en foyent plaints ny l'ayent
                    P   3   arrefté.

661. arresté. Il soustient que main-leuée pure
& simple leur doit estre faite desdites deux
Bales marchandises & Cheual, ledit Fermier condamné en tous leurs despens,
dommages & interests, c'est à quoy il conclud. Surquoy, apres s'estre lesdits Procureurs & parties retirées; Veu par Nous le
Verbal de saisie faite desdites deux Bales
laine & Cheual, par le Brigadier & Gardes
pour ladite Douane aux pays de Forests &
Vluarets, en datte du quatorzieme du present, contenant que ledit jour estans au lieu
de la Terrasse, ils auroient veu passer ledit
André Seglat conduisant vn Cheual poil
rouge, chargé de deux grandes Bales laine,
ce qui les auroit obligé de l'aborder, & luy
ayant demandé dont il venoit & quelle
marchandise il conduisoit, leur auroit fait
responce, qu'il conduisoit, pour vn Marchand de S. Chamond, deux cens septente
cinq liures Laine, laquelle auroit esté ache-
tée & prise au lieu de Rossillon en Dauphiné, & auroit esté passée à la trauerse du Ros-
né, pour la rendre audit S. Chamond. En
consequence de laquelle, luy ayans remonstré que semblables marchandises venans
de Dauphiné estoient sujettes de venir acquiter & descharger en cette Douane, &

de

de consequent qu'il contreuenoit aux Edits
de sa Majesté, suiuant quoy ils auroyent
saisi tant ledit Cheual que marchandises, &
luy auroient baillé assignation pour comparoir ce jourd'huy pour respondre sur le
contenu audit Verbal, & voir prononcer
sur la confiscation du tout, ledit Verbal signé par Extrait de nostre Greffier, remis en
nostre Greffe par ledit Dru Procureur dudit Sebastien le Bar le lendemain quinziéme du present. Deux Sentences rendues au
present Bureau, la premiere du quinzième
Octobre mil six cens trente-huict à la Requeste de Mr Noël Depars lors Fermier
General des cinq grosses Fermes de France,
la Doüane de Lyon y comprise, Par laquelle auroit esté dit, que tres expresses Inhibitions & deffences estoient faites à tous
Marchands qui feroient conduire leurs
marchandises dans l'estenduë de ce Gouuernement, pour les porter en autre Prouince, de prendre la trauerse, ains leur fust
enjoint de les faire conduire à droicture en
cette Ville pour y payer les droicts accoustumez, à peine de confiscation de ladite
marchandise & de cinq cens liures d'amande, & autre plus grande s'il y escheoit. Et
afin que personne n'en pretendit cause d'i-
P 4 gnorance

61. gnorance, seroit ladite Ordonnance leüe, publiée, & affichée en cette Ville & lieux accoustumez, comme encores au lieu de Roanne, & autres endroits & passages où l'on pouuoit prendre la trauerse, & passé outre nonobstant oppositions ou appellations quelconques, & sans prejudice d'icelles; Au bas de laquelle sont les Actes de publications & affiches faites d'icelle par Denauzlere premier Huissier au Bureau des Finances, tant en cette Ville que és villages de la Tour, bourg de Larbresle, Poncharra, Tarare, Roanne, Nulize, Feurs, Saint Chamond, S. Estienne, Bourg-Argental, Saint Iullien Molin Molette, S. Pierre de Bœuf, & autres endroits, & ce au mois de Nouembre de ladite année mil six cens trente-huict, Et la deuxieme renduë aussi à la Requeste dudit Me Noël Depars contre Iean Catte du lieu de Giuaudan, en consequence de la susdite; Par laquelle fut dit, que les trois Bales Cadis du Puy ou de Giuaudan, conduites par ledit Catte desdis lieux au pays de Dauphiné, ainsi qu'il auoit reconnu, estoient declarées acquises & confisquées à sa Majesté; En consequence ordonné qu'elles seroient venduës au plus offrant & dernier encherisseur, & le prix en prouenant

deliuré

delliuré le tiers au Denonciateur ; le surplus 1661
au Fermier en suite de son Bail, les fraiz de
Iustice par vn préalable leuez. Tout consideré, & oüy M¹ Iean Vidaud Procureur du
Roy.

IL EST DIT, que lesdites marchandises
& Cheual, sont declarez aquis & confisquez au profit de sa Majesté, ses Fermiers
ou ayans droict, deffences tant ausdits Plasson & Seglat, que à tous autres Marchands
& Voicturiers, de faire cy apres conduire
semblables marchandises, ou autres venans
du pays de Dauphiné, audit lieu de S. Chamond & autres endroits, sans les amener au
Bureau de la Douane de cette Ville, pour y
aquiter les droicts de Douane deubs pour
raison d'icelles. Et afin que personne n'en
pretende cause d'ignorance, ordonne que
le present Iugement sera publié à son de
trompe, & affiché és lieux & endroits accoustumez, & passé outre nonobstant oppositions ou appellations quelconques, &
sans prejudice d'icelles. Signé Guillard
President, Mercier, Conseillers du Roy,
Tresoriers Generaux de France au Bureau
des Finances estably à Lyon, Dusauzey
Conseiller du Roy, Lieutenant particulier
P 5   en

en la Seneschauſſée & Siege Preſidial de
Lyon Croppet Conſeiller du Roy, Maiſtre
des Ports, ponts & paſſages, & Vidaud
Procureur du Roy.

Prononcé à Me Iean Dru Procureur dudit Me Sebaſtien le Bar Fermier de ladite
Doüane, & à Me Payre Procureur deſdits
Arnaud Plaſſon & André Seglat, en parlant
à leurs perſonnes, lequel Me Payre a pro-
teſté de ſe pourvoir. Acte ledit jour dixſeptiéme Iuin mil ſix cens ſoixante-vn.

L'An mil ſix cens ſoixante - vn, le vnziéme jour du mois de Iuillet, par vertu du
jugement cy-deſſus, & à la Requeſte dudit
Me Sebaſtien le Bar Fermier, & Adjudicataire
general des cinq groſſes Fermes de France, la
Doüane de Lyon y compriſe, le premier Huiſſier, Concierge, & Garde du Bureau des
Finances en la Generalité de Lyon y reſidant,
ſouſſigné certifie m'eſtre exprès acheminé à cheval dudit Lyon, dés le jour d'hier, aſſiſté de M^e
Pierre Dache trompette ordinaire audit Lyon,
auſſy amené exprès avec moy à cheval dudit
Lyon és Parroiſſes, Bourgs & villes ſizes és pays
de Lyonnois & Foreſts, cy - aprés ſpecifiées,
en chaſcun deſdits lieux me ſuis tranſporté

au

audiuant des portes des Auditoires de Iustice, 1661
Places publiques, & autres lieux & endroits
accoustumez a faire crys publics & affiches
és susdits lieux, en chacun desquels, apres
que ledit Dache a par trois diuerses fois sonné
de sa Trompette, au son de laquelle est accouru
quantité de personnes, i'ay à haute & intelligible voix, cry publié, & son de Trompe, leù
& publié le susdit Iugement, à ce que personne
n'en pretende cause d'ignorance, duquel Iugement i'ay en tous les susdits lieux affiché
coppie, à ce que le tout vienne mieux à la notice d'vn chacun, & comme s'ensuit.

Premierement ledit Iour au lieu de la Vari-
selle, Parroisse de Saint Maurice, & Saint
Iean à Toulas en Lyonnois sur le grand chemin dudit Lyon à Saint Chamond.

Ledit ledit Iour au Bourg de Riuedegier
aussi en Lyonnois.

Le mesme Iour en la Ville de Saint Chamond en Lyonnois.

Le lendemain douziesme dudit present
mois en la Ville de Saint Estienne de Furan
pays de Forests.

Le treiziesme dudit en la Ville du Bourg
Argental audit pays de Forests.

Ledit Iour à Saint Iullien Molin Molette
audit Forest.

Le

Le mesme iour au Bourg & Parroiſſe de
Saipt Pierre de Bœuf audit pays de Foreſts.

Le quatorzieſme dudit mois en la Ville de
Condrieu en Lyonnois.

Ledit iour quatorzieſme dudit, au Bourg
Saincte Colombe en Lyonnois.

Et finalement le quinzieſme dudit mois
de Iuillet mil ſix cens ſoixante-vn au Bourg
& Parroiſſe de Giuors, le tout fait & exploité
en preſence dudit Dache, & encores de Iacques Vernas habitàns audit Lyon teſmoins, ledit Vernas mené auſſi expres auec moy dudit
Lyon. Iceluy Dache a ſigné, & non ledit
Vernas, pour ne ſçauoir enquis.